ムラヨシマサユキのお菓子

なんどでも食べたい

絶品レシピ

ムラヨ

西東社

はじめに

子どものころからお菓子が大好きでした。
幼少期は母が作るおやつを食べて育ち、
お小遣いが自由になってからは、自分でケーキ屋さんめぐりをし、
18歳でお菓子の世界で働きはじめました。
そうして料理研究家になって、今は毎日、なにかしらのお菓子を作っています。
どれも、これまで食べてきた味の記憶が根底にあるレシピです。
そんな日々がもう20年以上続いていますが、
お菓子を作るときのドキドキやワクワクは、
18歳のころと変わらず持ち続けています。

本書は２０１７年に刊行した『ムラヨシマサユキのお菓子』の続刊になります。
おかげさまで「何度も作っています！」「我が家の定番になりました」と
うれしいお声をたくさんいただいています。
1冊目を刊行したときは「載せたいメニューはほぼ入った！」と満足していましたが、
あとからあれもこれも……と、入れておきたかったメニューがいくつも頭に浮かびました。

またこの数年で、新しい自信作も誕生しています。
それならば２冊目としてまとめようということで、この本ができました。

前作では「クラシック」な定番メニューをそろえ、
ずっと古びない、長く親しんでいただけるレシピを一冊にしました。
この本では、前作にはない、今伝えたい「ポピュラー」なメニューを選びました。
日常的な材料で気軽に作れて、何度作っても食べ飽きない、軽やかなレシピを紹介しています。

前作同様、迷いなく、失敗なく、お菓子作りを楽しんでいただくために
手順の写真を多めにして、コツやポイントをたっぷりと書き込みました。
お菓子作りは「なぜこうする？」の理由を知るととても上達が早いからです。

どのレシピも、シンプルなおいしさを目指しています。
作り方に慣れてきたら、仕上げのフルーツを替えたり、トッピングを増やしたり、
クリームの味を変えたりと、みなさんのプラスアルファを盛り込んでみてください。
そうして、自分の味に育てていただけたらうれしいです。

ムラヨシマサユキ

目次

一章

気軽に作れるおやつ

二章

シンプルな焼き菓子

三章

冷たいデザート

四章

作ってみたい あこがれのお菓子

Column

この本の約束ごと

・大さじ1＝15㎖、小さじ1＝5㎖、1カップ＝200㎖です。
・ひとつまみとは、親指、人差し指、中指でつまんだ量。
・卵はMサイズを使用。
・生クリームは動物性脂肪分のものを使用。
・オーブンの温度と焼き時間は、電気オーブンを使ったときの目安。ガスオーブンのときは5～10℃下げ、3～5分短くしてください。
・電子レンジは出力600wのものを使用。500wのときは、1.2倍の時間で加熱してください。気候や機種によって異なります。
・保存期間は目安です。なるべく早めに食べきりましょう。

おいしいお菓子を作るために

レシピを確認する。

このお菓子が食べたい、作りたいと思ったら、まずはそのレシピに最後まで目を通してみることをおすすめします。ひとつひとつの工程を細かく覚える必要はありませんが、必要な道具や材料がそろっているかどうかはもちろん、そのお菓子作りの流れをざっとつかんでおくと、作業が格段にスムーズになります。

道具や型をすべて準備する。

レシピをざっと確認したら、使う道具や型をすべて準備してから、作業をはじめましょう。これだけでもグッと作業がスムーズになるはずです。作業の途中であたふたしてしまうと、生地の温度や状態が変わってしまうこともあります。型にオーブン用シートを敷くなど、できることは先に済ませておきましょう。

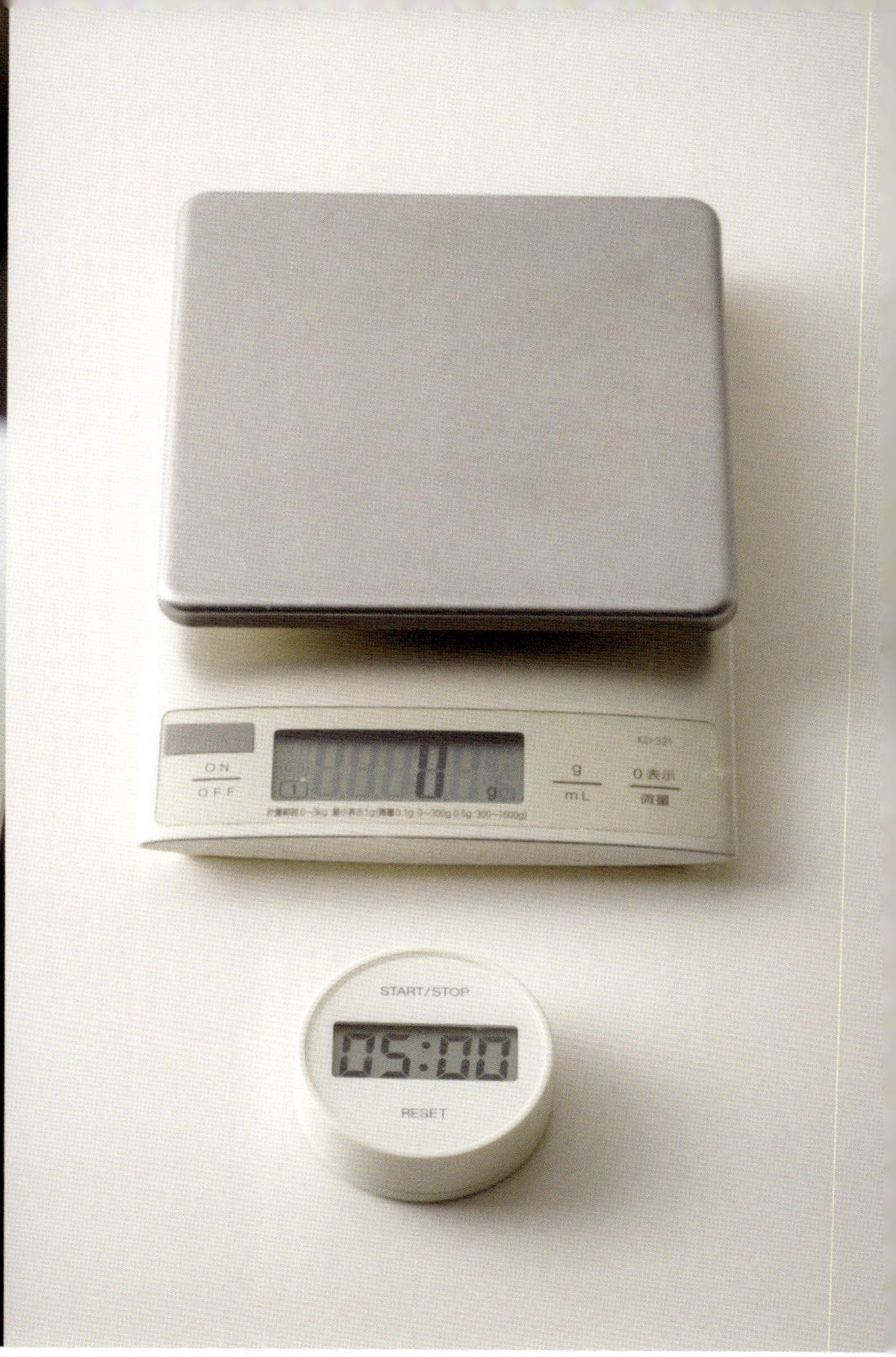

正しくはかる。

計量がきちんとできていないと、失敗の原因になることも。1g単位ではかれるデジタルばかりをぜひ用意しましょう。またゴムべらや泡立て器についた生地も材料の一部です。指でていねいに取って生地に加えるのも忘れずに。タイマーは焼く、冷やすなどの時間がはかれて便利です。

オーブンの準備をする。

焼き菓子は、生地ができたらできるだけ早く焼きはじめるのが大事。そのためには、オーブンを予熱しておく必要があります。レシピ内に予熱のタイミングの目安を入れていますが、手持ちのオーブンに合わせて調整してください。またオーブンは気候や機種によって焼き加減が異なることがあります。オーブンのクセを知り、様子を見ながら温度や時間を調節しましょう。

基本の道具

ボウル
ステンレス製の口径20～22cmのものを主に使います。深めのもののほうが、クリームの泡立て時など材料が飛び散ることなくおすすめ。少量の材料を混ぜるときなどに小さめのボウルもあると便利です。電子レンジで加熱する際には、ガラス製の耐熱ボウルを使ってください。

ざる
粉をふるったり、生地をこしたりするときなどに使います。ステンレス製で網状になっているものがおすすめ。

ゴムべら
生地を混ぜるときに使います。持ち手とへらの部分が一体になっているものが手入れもしやすく便利です。適度なしなりがあるものを選びましょう。

泡立て器
卵を溶きほぐしたり、生地を混ぜたりするときに使います。ボウルと合わせて使うことがほとんどなので、持ち手部分がボウルからはみ出すくらいの長さのものが使いやすいです。

ハンドミキサー
クリームの泡立てや生地作りが格段にラクになります。先端がバルーン状になっているものがおすすめです。

カード
曲線の部分でボウルの中の生地を集めたり、直線部分で生地を分割したりします。弾力のあるプラスチック製のものを使っています。

バット
砂糖や粉を全体にまぶす、でき上がったあんこを冷ますときなどに使います。杏仁豆腐やムース、アイスクリーム作りの型としても使えます。

刷毛
生地にバターや溶き卵を塗る、仕上げのアイシングを塗る際に使います。シリコン製のものを使っても。

めん棒
クッキーやタルトの生地をのばすときなどに使います。ある程度の重さがあるもののほうが安定して使えます。

オーブン用シート
オーブンの天板に敷いたり、型に敷いたりして生地がくっつくのを防ぎます。ロールケーキを巻くときにも使います。

ケーキクーラー
焼き上がった生地はケーキクーラーにのせて冷まします。天板ごとのせることもあるので、天板がのるくらいの大きさがあるとよいでしょう。

軍手
焼き上がりの天板を取り出すとき、熱いうちに生地を型からはずすときなどに使います。ミトンにくらべて、指を動かしやすく便利です。やけどをしないように二重構造になっているものや、厚手のものを使って。

基本の材料

薄力粉
焼き菓子の主材料。たくさんの種類がありますが、この本では「スーパーバイオレット」を使っています。

強力粉
焼き菓子の食感を変えるときなどに、薄力粉と合わせて使います。国産の「キタノカオリ」を使っています。

アーモンドパウダー
アーモンドを細かくひいて粉末状にしたもの。生地に風味をつけたいときに混ぜ込みます。

卵
空気を含んで生地をふくらませる、生地をかためる、乳化させるなどの大事な役割を果たします。Mサイズの卵を使っています。

牛乳
プリンや杏仁豆腐などの主材料となるほか、生地をゆるめたり、食感に変化をつけたりします。好みのものでOK。

生クリーム
この本では動物性脂肪分40%以上のものを使用しています。

バター
お菓子作りには食塩不使用タイプを使います。豊かな香りや深い味わいが楽しめる発酵バターを使っても。

米油
オイルクッキー、オイルマフィンなどに。無味無臭でクセがなく、さっぱりと軽い口あたりに仕上がります。サラダ油でもOKです。

プレーンヨーグルト
フローズンヨーグルトのほか、マフィンの生地に混ぜたりします。開封後よく混ぜてなめらかにしてから使いましょう。

上白糖
一般的な砂糖で、この本のレシピの多くは上白糖を使用しています。

グラニュー糖
すっきりとした甘さが特徴のさらさらした砂糖。より生地になじみやすい、製菓用の粒の細かいものもあります。

きび砂糖
サトウキビの自然な甘みが特徴。白いお菓子以外なら、上白糖のかわりに使ってもOK。

粉砂糖
グラニュー糖をすりつぶして粉末状にした砂糖。主に焼き菓子の仕上げや、アイシングの材料に。

塩
主に砂糖の甘みを際立たせるために、少量加えます。塩けがおだやかでうまみのある自然塩がおすすめです。

粉ゼラチン
ゼリーやプリン、ババロア作りに欠かせない凝固剤。小袋入りのものがおすすめです。

粉寒天
テングサなどの海藻が主原料の凝固剤。プリッとした歯切れのよい食感に仕上がります。

ベーキングパウダー
薄力粉に混ぜて、ケーキ生地をふっくらさせたり、クッキーをさくっと軽い食感に仕上げたりします。

重曹
ベーキングパウダーと同様に使いますが、焼き色が濃く仕上がるので、どら焼きの生地などに。

 ＊材料の置きかえ、分量の変更については、P114を参照

レモンケーキ

甘ずっぱいアイシングがシャリッと割れて、生地がほろりと口の中でほどける配合に。

レモンの形がかわいいこのお菓子は、意外にも日本生まれ。大正時代に作られて以来、長く愛されてきたお菓子ですが、最近またブームになっているようです。レモンピールやクリームなどを生地の中に閉じ込めた、新しいタイプのレモンケーキも登場しています。

ぼくのレモンケーキは、ふんわりしていながら、ほろりともろい生地が特徴です。口に入れた瞬間に、薄くて甘ずっぱいアイシングがシャリッと割れ、すぐに生地が口の中でほどけていきます。

実はこれ、子どものころ、近所の和菓子屋さんで売っていたマフィンの生地を応用したもの。その和菓子屋さんではショートケーキやクッキー、マフィンも売っていて、子ども心に「和菓子屋さんでなぜケーキ?」と不思議に思っていましたが、洋菓子屋さんとは違う、温かみのあるやさしい味が大好きでした。今回はその記憶をたよりに、今らしさを加えてアップデート。なつかしいけど新しい、そんな味わいにしています。

生地をふんわり軽くさせるには、全卵を泡立てて作るのが一般的ですが、この方法だと、ふんわりはしても、薄力粉のコシが生まれて弾力のある生地になりがちです。そこで、多めのバターとアーモンドパウダーを加え、弾力を抑え、ふんわりとしつつもしっとりしている生地になるようにしました。やわらかい仕上がりのため、焼き上がり時に生地を落とすように取り出してしまうと、つぶれてしまうので気をつけてくださいね。

仕上げのアイシングは、生地のやわらかさに合わせ、薄く、半透明に仕上がるようにしています。こちらはフランス菓子の手法。和洋、新旧をミックスした、ぼくらしいお菓子に仕上がりました。

レモンケーキ

材料（約7cmのレモンケーキ型・6個分）

A バター（食塩不使用）… 30g
　米油（またはサラダ油）… 大さじ1
　レモン汁 … 小さじ2
　レモン（国産）の表皮のすりおろし … 1/2個分
　はちみつ … 小さじ1
卵 … 1個
卵黄 … 1個分
グラニュー糖 … 40g
B 薄力粉 … 35g
　ベーキングパウダー … ひとつまみ
アーモンドパウダー（または薄力粉）… 15g
［シロップ］
　レモン汁 … 小さじ2
　ホワイトラム（または水）… 小さじ2
　水 … 小さじ2
　グラニュー糖 … 大さじ1
［アイシング］
　粉砂糖 … 120g
　レモン汁 … 17～20g

下準備

- バター適量（分量外）は室温にもどし、やわらかく練って刷毛で型の内側に塗り、冷蔵庫で冷やす。

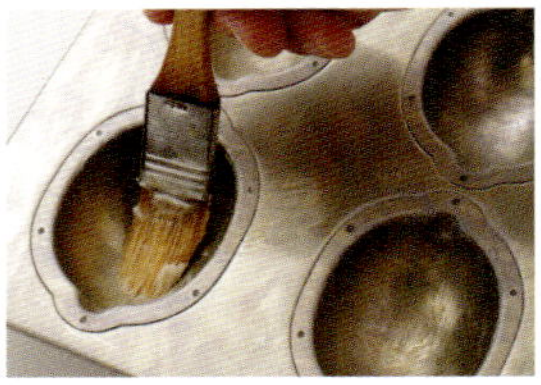

＊あとで型にふる薄力粉がバターを吸わないように、冷やしかためておく。

- 鍋に湯せん用の湯を準備する（約50℃。鍋底に気泡が見えはじめ、湯気が出る程度）。
- Aのバターは2cm角に切り、他の材料とともにボウルに入れる。
- Bは合わせてふるう。
- オーブンを180℃に予熱する。

保存　冷蔵2～3日。

180℃　14～16分

❶ バターを溶かす

Aのボウルを湯せんにかけ、ゴムべらで混ぜる。バターが溶けたら湯せんからはずす。

❷ 卵をほぐす

別のボウルに卵、卵黄を入れ、ハンドミキサーの低速でほぐす。グラニュー糖を加えて湯せんにかけ、混ぜながら人肌程度（約40℃）まで温め、湯せんからはずす。

＊温めることで泡立ちがよくなる。

❸ 卵を泡立てる

高速に切り替えて泡立て、すくった生地がリボン状に落ちるくらいになったら、低速で1分ほど混ぜ、キメを整える。Aのボウルを再び湯せんにかけておく。

❹ 粉類を加える

B、アーモンドパウダーを加え、ゴムべらで粉けがなくなるまで手早く混ぜる。

❺ Aを加える

Aのボウルを湯せんからはずし、④の生地を少量加えて混ぜる。④のボウルに戻し入れ、ゴムべらで生地を底から返すように均一に混ぜる。

＊卵の気泡は油脂に弱いので、バターに生地の一部をなじませてから戻し入れることで、気泡がつぶれにくくなる。

さらに20～25回、生地につやが出るまで底から返すように混ぜる。

＊よく混ぜることで、なめらかな食感の生地になる。

❻ 型に入れて焼く

冷やした型に茶こしで薄力粉適量（分量外）をふり、余分な粉をたたいて落とす。

＊焼いたあとで生地がはがれやすくなるように、直前に薄力粉をふる。

生地をカードですくい、型の8分目まで流し入れる。竹串でひと混ぜして生地をなじませ、10cmほどの高さから落として大きな気泡を抜く。180℃のオーブンで14～16分焼く。

生地の中央に竹串を刺してみて、生の生地がついてこなければ焼き上がり。

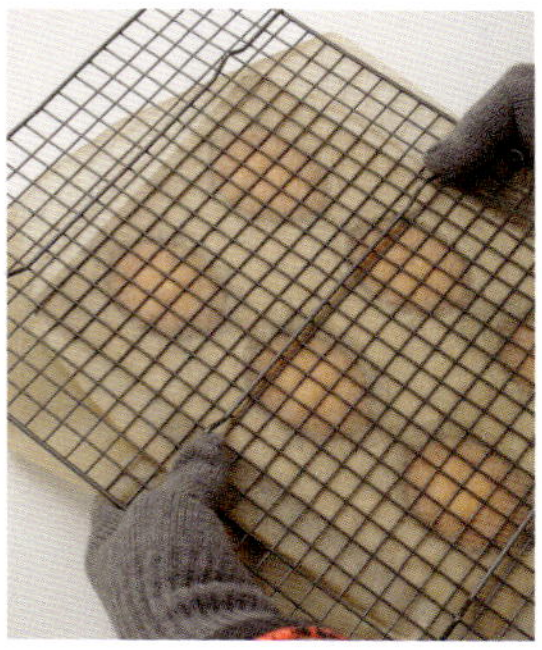

❼ 型からはずす

オーブン用シート、ケーキクーラーの順にかぶせてひっくり返し、型からはずす。

❽ シロップを塗る

シロップの材料を混ぜる。生地が熱いうちに刷毛でシロップを塗り、冷ます。

❾ アイシングを塗る

ボウルにアイシングの材料を入れて泡立て器で混ぜる。湯せんにかけ、混ぜながら人肌程度まで温めて、刷毛で薄く塗る。さわってもついてこなくなるまで乾かす。

＊アイシングは温めてから塗ることで、透明感が出る。

Arrange ／ ウイークエンド

パウンド型で焼けば、
ウイークエンドというフランス菓子に。

レモンケーキの材料を2倍量にして生地を作る。18×8×高さ6cmのパウンド型にオーブン用シートを敷いて生地を流し入れ、170℃に予熱したオーブンで30～35分焼いて冷ます。刷毛でシロップを塗り、アイシングの材料を混ぜてかけ、乾かす（シロップとアイシングの分量は同じでOK）。

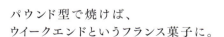

Felin de Paris

クレープ

クレープは薄く、もっちりと焼き上げて、
グラニュー糖とバターでシンプルに。

クレープと聞くと、チョコやバナナ、いちご、生クリームなどがたっぷりとトッピングされたものを思い浮かべる方が多いと思いますが、ぼくはグラニュー糖とバターでシンプルに食べるのが大好きです。

ぼくが料理研究家として独立したころ、住んでいた駅前のスーパーマーケットのフードコートにクレープスタンドがありました。どこにでもあるようなクレープスタンドだったし、ぼくも買いもの帰りのおやつ休憩で、あまり期待することもなく食べていました。けれど、ある日食べたクレープが、すごくおいしかった！　薄い生地に食感の緩急があり、外側はパリパリ、かじるともっちりして、とにかく絶妙な焼き加減でした。それはある店員さんが焼くときだけとわかってからというもの、その人を店頭で見かけると必ず買いに行って、手元をじっとながめて、勝手に勉強させてもらっていたものです。

クレープ生地は、思ったよりもゆるく水っぽいので、焼くときについフライパンに多く流し入れがちですが、そうすると厚く、ぶよぶよのクレープになってしまいます。フライパンの底にギリギリ広げられるくらいの生地の量がベスト。また、フライパンの温度や油のなじみ加減もあるので、1枚目はなかなかきれいに焼けません。1枚目は練習のつもりで焼くとよいと思います。

アレンジで紹介したラップドクレープは、子どものころ、洋菓子屋さんによく売っていたクレープを再現しました。食パンを平たくつぶして一緒に巻くと、フルーツなど水分の多い具材を巻いてもクレープ生地がベチャッとしません。パンが水分を吸い、食感をよりもっちりにすると同時に、ほんのりとした塩けがプラスされて、時間がたってもおいしいおやつになります。

クレープ

材料（直径約20cm・14～15枚分）

A 薄力粉 … 80g
　グラニュー糖 … 大さじ2
　塩 … ひとつまみ

卵 … 2個

バター（食塩不使用・またはサラダ油）… 15g

牛乳 … 250mℓ

仕上げ用のバター、グラニュー糖、粉砂糖
　… 各適量

下準備

- バターは耐熱ボウルに入れ、電子レンジで20秒ほど加熱して溶かす。

保存　焼く前の生地は、冷蔵2～3日（混ぜてから焼く）。焼いた生地は1枚ごとにオーブン用シートを重ね、3～4枚ずつラップで包み、冷蔵1～2日、冷凍1週間（冷蔵庫で解凍する）。

❶ 生地の材料を混ぜる

ボウルにAを入れて泡立て器で混ぜる。卵、溶かしたバターを加えて卵を溶きほぐす。

牛乳を2～3回に分けて加え、そのつど混ぜる。

＊水分を少しずつ粉類に混ぜていくと、だまになりにくい。

❷ こして休ませる

粉けがなくなったらざるなどでこす。

ラップをかけて冷蔵庫で30分以上休ませる。

＊一度休ませることで、薄くきれいに焼ける、のびのいい生地に。

❸ 再び混ぜる

冷蔵庫から取り出して再びよく混ぜる。

＊粉類が沈殿している場合があるので、焼く前に再度さっと混ぜる。

Arrange ／ ラップドクレープ

好みのフルーツとクリームをくるりと包んで。
つぶしたパンが水けを吸って、
時間が経ってもクレープがふやけません。

① サンドイッチ用の食パン1枚を半分に切り、めん棒でのばしてつぶす。

② クレープを広げて中心に①を縦に置き、八分立て（もったりとして筋が描けるくらい）にした生クリーム約大さじ2、ひと口大に切った好みのフルーツをのせる。

③ 手前、左右を折り込み、くるりと包む。

❹ 焼く

フライパンにサラダ油少々（分量外）を入れ、キッチンペーパーで薄くなじませ、弱めの中火で熱する。③の生地をおたまで軽めに1杯すくって流し入れ、フライパンを回しながら生地を広げる。

生地の周囲が乾いて焼き色がついてきたら、菜箸を使って裏返し、15秒ほど焼く。

残りも同様に焼く。焼けた生地はまな板などに取り出して冷ます。

❺ 仕上げる

食べるときにフライパンに1枚ずつ入れて中火で温め、仕上げ用のバターを加え、グラニュー糖をふる（それぞれ小さじ1/2～1が目安）。折りたたんで器に盛り、好みで粉砂糖をふり、バターをのせる。

フルーツゼリー

ほんのりと軽いミントの香りが、
たっぷりのフルーツの盛り立て役。

小さいころ、母がこのリング状の型で、よくゼリーを作ってくれました。フルーツゼリー、牛乳ゼリー、コーヒーゼリーなど……。なつかしさもあって、ぼくは今もゼリーが大好きです。

フルーツゼリーは透明なゼリー液にフルーツを加えたシンプルなお菓子。ちょっとした手間とコツで、味も見た目も主役級のデザートになります。

複数のフルーツを使うときは、ぼくは必ずミントの香りをしのばせます。それとわからないくらいに、ほんのりと香るくらいがおすすめ。そうすることでフルーツの味わいがケンカせず、それぞれがおいしく感じられるようになります。ミントは水や白ワインと沸騰させて、すぐに火を消し、ふたをして蒸らすことがコツです。煮出したハーブの香りとは雲泥の差の、フレッシュな香りが湯に移ります。

ゼラチンを溶かしたら、とろみが出てくるまで混ぜながら冷ますこともポイントです。こうすることでゼリーの全体にフルーツをいきわたらせることができます。温かいままゼリー液を型に入れたり、フルーツを先に型に入れてからゼリー液を流し入れると、空気が入って型の形がきれいに出なかったり、フルーツが浮いてゼリーが二層になったりして、ゼリーがきれいにキラキラとする感動が味わえません。それから、型からはずすときは型をぬるま湯に軽く当てますが、絶対に熱い湯にはしないでください。ゼリーがあっという間に溶けて、キリリとした型の形がなくなってしまいます。

フルーツは１種類でも、２～３種でも。缶詰のフルーツを使ってもおいしくできます。

❶ フルーツを準備する

フルーツは3cm大に切り、缶詰の果物は汁けをきる。キッチンペーパーを敷いたバットに並べて、冷蔵庫に入れる。

❷ ゼリー液を作る

小鍋に水の半量、グラニュー糖、白ワイン、ミントを入れて中火にかけ、沸騰したら火を止め、ふたをして2分ほど蒸らして80℃くらいにする。

＊ゼラチンは80℃以上の湯で溶かすとかたまりにくくなる。

ふたをはずし、ふやかしたゼラチンをちぎって加え、ゴムべらで混ぜて溶かす。残りの水を加えて混ぜる。

＊水の半量をあとで加えることで、冷ます時間を短縮する。

❸ こす

ざるなどでこし、ミントを取り除く。

❹ ゼリー液を冷やす

ボウルを氷水に当て、ゴムべらでゆっくり混ぜながら、とろみがつくくらいまでゼリー液を冷やす。

フルーツゼリー

材料（直径15cmのプディング型・1台分）

好みのフルーツ＊(いちご、ブルーベリー、みかん(缶詰)、パイナップル(缶詰)、白桃(缶詰) など)
…合わせて300g

水…350mℓ

グラニュー糖…60g

白ワイン(またはレモン汁)…大さじ1

ミント(生)…適量

A 粉ゼラチン…10g
水…大さじ2

＊フルーツは好みのものでOKだが、たんぱく質分解酵素を含むもの（キウイ、メロン、パイナップル、パパイヤなど）はゼラチンがかたまりにくいので避けて。缶詰のものはなんでもOK。

下準備

- Aの粉ゼラチンは、分量の水にふり入れ、1～2分おいて、ふやかす。

保存 冷蔵2～3日。

❺ フルーツを加える

①のフルーツを加えてひと混ぜする。

＊冷たいフルーツを加えたこの後の作業は、ゼリー液がかたまってきて食感が悪くなってしまうので、手早く行う。

❻ ゼリー液を入れ、冷やしかためる

型の内側をさっとぬらし、水けをきる（水けは完全にふき取らない）。

＊ぬらしておくことでゼリーが型からはずしやすくなる。

⑤を流し入れる。

台にトントンと軽く打ちつけ、大きな気泡を除く。

フルーツがバランスよくいきわたるように整え、冷蔵庫で2〜3時間冷やしかためる。

❼ 型からはずす

ボウルに手が入れられるくらい（約50℃）のぬるま湯を準備し、型の側面を15秒ほど当てて引き上げ、水けをふく。皿をかぶせて上下を返し、型からはずす。

今さら聞けない基本のきほん①

（型にオーブン用シートを敷く）

焼き菓子の多くは、型にオーブン用シートを敷いておきます。
型に生地がくっつかず、きれいに焼き上がります。
生地ができたらすぐに焼きはじめたいので、あらかじめ準備をしておきましょう。

パウンドケーキ型

型の底面、側面のサイズに合わせてオーブン用シートを切る。型をシートの中心に置いて底面の角に折り目をつける。型をはずして折り目に合わせて4辺を折り、点線の箇所に切り目を入れる。

型に合わせて端を重ねて入れる。型の大きさに合わせてカットされている市販のオーブン用シートを使ってもOK。

丸型

型をオーブン用シートにのせ、底に合わせてペンでしるしをつけ、切り取る。側面の高さ、円周の長さ＋1～2cmの長方形を切り取る。

ペンでしるしをつけた面を下にして（ペンのインクが生地につかないようにするため）型の底に入れる。長方形に切ったシートを側面に沿わせて入れる。

一章

気軽に作れるおやつ

オイルを使った
気軽なクッキーやマフィン、
人気のフルーツサンド、カステラ、
型のいらないさくさくタルトなど、
お菓子作りがはじめてという人でも
作りやすく、失敗の少ない
お菓子を紹介します。
シンプルな材料でできる
手作りおやつのおいしさは格別です。

オイルクッキー

試作を重ねて
クリスピーで
食べ飽きない生地に。

オイルで作るクッキーは、手軽に作れる一方で、ポイントをはずすと途端に油っぽくなったり、かりんとうのようにかたくなってしまったりと、おいしくなくなることが多いのがデメリット。油臭くなく、クリスピーで食べ飽きない味を追い求め、試行錯誤した結果、これ！ と思えるレシピが生まれました。

　生地を作ったらすぐに焼くこと、焼く前にフォークで穴を開けてから焼くことも大きなポイント。食べたいときにさっと作れて、粉のおいしさを味わえる素朴なクッキー、お試しあれ！

材料（直径 4cm 花型・16 ～ 18 個分）

牛乳 … 大さじ 2
きび砂糖 … 30g
塩 … ひとつまみ
米油（またはサラダ油）… 大さじ 3
A 薄力粉 … 110g
　片栗粉（または薄力粉）… 15g

下準備

- A は合わせてふるう。
- オーブンを 170℃に予熱する。

保存　密閉容器に市販の乾燥剤や酸化防止剤とともに入れ、室温 3 ～ 4 日。

170℃　18～22分

❶ **牛乳、砂糖などを混ぜる**

ボウルに牛乳、きび砂糖、塩を入れて泡立て器で軽く泡立つまで混ぜる。米油を加えてとろりと乳化するまで混ぜる。

＊砂糖がジャリジャリしたままでよい。

❷ **粉類を加える**

Aを加え、ゴムべらで粉けがなくなるまで混ぜる。

＊練ったりこねたりすると、油っぽい焼き上がりに。全体になじめばOK。

❸ **生地をのばす**

オーブン用シートを敷いた台に取り出してラップをかぶせ、手で押して約1cm厚さにする。めん棒で5mm厚さにのばし、ラップをはずす。

❹ **型で抜く**

生地に型を押しつけて筋をつけ、手ではずす。オーブン用シートを敷いた天板に並べる。

❺ **焼く**

表面にフォークを刺して穴を開け、170℃のオーブンで18 ～ 22 分焼く。生地の裏側にも焼き色がついていれば焼き上がり。天板ごとケーキクーラーにのせて冷ます。

＊穴を開けることで火の通りがよくなる。

カットして焼いても

包丁で3cm四方の筋を入れ（刃が下についてOK）、同様に穴を開けて焼き、シート状のまま完全に冷ましてから筋に沿って割る。

アメリカンクッキー

ラフな作り方が独特のザクザク感を生み出す。

いわゆる普通のクッキー生地とは真逆な作り方をすると、よりアメリカンクッキーらしい、ガツンと甘く、ザクザクしたクッキーになると思っています。たとえばバターときび砂糖を混ぜるとき、砂糖がなじむほど混ぜず、ジャリジャリとしたままで次の材料を加えたり、粉類を加えても、しっかり混ぜず、粉けが少し残るくらいでおしまいにします。

お菓子作りに慣れている人ほど、ていねいに作ろうとしてしまうもの。ぼくも同様に、この特殊なコツを見逃していました。このお菓子をおいしくするには、あえてラフに作ることが大事なのです。

材料（直径 9 ～ 10cm・6 ～ 7 枚）

バター（食塩不使用）… 50g
きび砂糖 … 70g
塩 … 小さじ 1/4
溶き卵 … 1/2 個分
バニラエッセンス … 1 ～ 2 滴
A 薄力粉 … 100g
　ベーキングパウダー … 小さじ 1/3
　重曹（またはベーキングパウダー）… 小さじ 1/3
チョコチップ＊ … 100g
好みのナッツ（くるみ、マカデミアナッツなど）… 50g
＊板チョコを使う場合は、2cm 大に刻む。

下準備

- バターは室温にもどす。
- Aは合わせてふるう。
- ナッツは 2cm 大に刻む。

保存　密閉容器に市販の乾燥剤や酸化防止剤とともに入れ、室温 3 ～ 4 日。

180℃　14～16分

❶ バター、砂糖などを混ぜる

ボウルにバター、きび砂糖、塩を入れ、ゴムべらで練り混ぜる。

＊砂糖がジャリジャリしたままでよい。

❷ 卵、粉類などを加える

溶き卵、バニラエッセンスを加えて練り混ぜる。Aを加え、粉けが少し残るくらいまで混ぜる。

❸ チョコチップ、ナッツを加える

チョコチップ、ナッツを加えてさっくり混ぜる。

❹ 休ませる

生地の表面にラップをのせ、冷蔵庫で30分休ませる。

＊ベタベタした生地なので、少し冷やすことで成形しやすくなる。

❺ 天板に並べて焼く

オーブンを180℃に予熱する。④の生地を6～7等分（1個約55g）して軽く丸め、3～4個をオーブン用シートを敷いた天板に間隔をあけて並べる。手のひらで軽く押して表面を平らにする。

180℃のオーブンで14～16分焼き、天板ごとケーキクーラーにのせて冷ます。残りも同様に焼く。

＊焼くと広がるので、2回に分けて焼く。残りの生地は冷蔵庫に入れておく。
＊焼き上がりはドーム状にふくらむが、冷めると落ち着く。

ショートブレッド

甘さ控えめで
かみごたえのある、
ぼくの新しいレシピ。

ぼくのクッキーのレシピの中で、好みの変化で味が一番変わった生地のひとつです。伝統的な配合よりも甘さ控えめで軽いのに、みしっとかたい、かなり独特な食感と味わいになるようシフトチェンジしました。キリッと角が立つ形の焼き上がりと、しっかりしたかみごたえが特徴。酸味のあるヨーグルトを隠し味に加え、バターと小麦粉の生地の味わいをサポートしています。

厚みのある生地を時間をかけて焼きますが、砂糖を減らしたことでこげにくく、風味やおいしさをしっかり引き出すことができます。

ショートブレッド

材料（6 × 1.5cm・18 ～ 20 本分）

バター（食塩不使用）… 60g
粉砂糖（またはグラニュー糖）… 30g
塩 … ひとつまみ
薄力粉 … 130g
A 牛乳 … 小さじ 2
　プレーンヨーグルト … 小さじ 1

下準備

- バターは室温にもどす。
- 粉砂糖、薄力粉はそれぞれふるう。

保存　密閉容器に市販の乾燥剤や酸化防止剤とともに入れ、室温 3 ～ 4 日。

170℃　25～28分

❶ バター、砂糖、塩を混ぜる

ボウルにバター、粉砂糖、塩を入れ、ゴムべらで練り混ぜる。

❷ 粉を加える

薄力粉を加え、ゴムべらで切るように混ぜ、さらさらの状態にする。

＊押しつけるように混ぜてしまうと、かたく、油っぽい焼き上がりになってしまう。

❸ Aを加える

Aを加えて混ぜ、水分がなじんだら、カードで切るように均一に混ぜる。

❹ ひとまとめにする

手で押さえてひとまとめにし、オーブン用シートを敷いた台に取り出す。

❺ のばして休ませる

ラップをかぶせ、めん棒で1cm厚さの長方形（約 12 × 15cm）にのばす。

Arrange ／ ココアショートブレッド ベリーミックスショートブレッド

基本の生地をベースに、
ほろ苦ココアパウダーや、ほんのり甘く、
食感も楽しいドライベリーを混ぜ込みます。

［ココアショートブレッド］（左）

薄力粉130gを薄力粉120g+ココアパウダー10gに替え、同様に作る。

［ベリーミックスショートブレッド］（右）

ドライベリーミックス30gを粗く刻み、作り方❸で加えて同様に作る。

側面をカードで整えながらのばしてきれいな形にする。冷蔵庫で2時間休ませる。

❻ 筋をつけて切る

オーブンを170℃に予熱する。まな板に取り出し、1.5cm幅、6cm長さのところに竹串で筋をつける。

端を切りそろえ、筋に沿って包丁で切り分ける。

＊生地が割れたり、いびつになったりするので、グッと力を入れて切る。

❼ 焼く

オーブン用シートを敷いた天板に間隔をあけて並べ、竹串の頭で3～4か所穴をあける（下まで通してOK）。170℃のオーブンで25～28分焼き、天板ごとケーキクーラーにのせて冷ます。

田舎風型なしいちごタルト

さくさく生地とジューシーなフルーツ。初心者でも失敗なし。

　ぼくがお菓子屋さんで働きはじめたころ、担当したのが焼きっぱなしのタルト作り。生地、アーモンドクリーム、フルーツを同時に焼くタルトは、工程は単純ですが、フルーツの水分の影響で、下のクリームと生地にオーブンの熱が届かず、いつまで焼いても生のままという難関があり、失敗ばかりしていました。

　そんなことを思い出しながら考えたのがこのレシピ。あえて型をなくして薄く仕立て、火が入りやすいようにしています。これなら初めての人でも作りやすく、失敗が少ない！　季節や好みのフルーツを使ったタルトを存分に楽しんでください。

田舎風型なしいちごタルト

材料（直径約18cm・1台分）

［練りパイ生地］
- バター（食塩不使用）… 70g
- 薄力粉 … 110g
- A 溶き卵 … 1/2個分
  - グラニュー糖 … 小さじ2
  - 塩 … 小さじ1/4

［アーモンドクリーム］
- バター（食塩不使用）… 20g
- グラニュー糖 … 20g
- アーモンドパウダー … 20g
- 溶き卵 … 大さじ1
- バニラエッセンス（あれば）… 1～2滴

いちご … 180g

下準備
- 生地のバターは室温にもどす。
- Aは混ぜておく。
- いちごはへたを取る。

保存　冷蔵1～2日。休ませた生地は冷蔵3～4日、冷凍1週間（冷蔵庫で解凍する）。

180℃　25～30分

❶ バターと粉を混ぜる

ボウルに生地のバターを入れてゴムべらで練り混ぜる。薄力粉を加えて切るように混ぜる。

❷ Aを加える

全体がぽろぽろしてきたらAを加える。

ゴムべらでボウルにすりつけるようにしながら均一に混ぜる。

＊すりつけるように混ぜることでさくっと軽い食感になる。

❸ のばして休ませる

ひとまとめにして丸め、オーブン用シートを敷いた台に取り出す。ラップをかぶせて手で押し、2cmほどの厚さに広げる。

めん棒で直径約23cmにのばす。天板にのせ、冷蔵庫で1時間以上休ませる。

❹ アーモンドクリームを作る

バターを室温にもどす。ボウルにバター、グラニュー糖、アーモンドパウダーを入れてゴムべらで練り混ぜる。溶き卵、バニラエッセンスを加え、なじむまで混ぜる。

＊ゴムべらで混ぜることで、余計な空気が入らず、なめらかな食感に。

❺ 生地に穴をあける

オーブンを180℃に予熱する。いちごを縦半分に切る。③の生地を取り出してラップをはずし、底になる部分にフォークで穴をあける。

❻ ④、いちごをのせる

中央にアーモンドクリームをのせて直径15cmほどに広げ、いちごをのせる。

❼ 縁を立ち上げる

縁を立ち上げてつまみ、ぐるりと1周する。

＊生地が割れたりしても、つまんでくっつければOK。

❽ 焼く

オーブン用シートの四隅をつまんでねじり、天板にのせる。

＊焼成中のいちごの水分がもれるのを防ぐため。

180℃のオーブンで25～30分焼く。オーブン用シートごとケーキクーラーにのせて冷ます。

Arrange ／ 田舎風型なし黄桃タルト

トッピングのフルーツを替えれば また違った味わいに。

いちごを黄桃（缶詰）に替えて。黄桃缶2缶（390g）は缶汁をきって3cm幅のくし形に切り、キッチンペーパーで汁けを取り、同様に作る。パイナップル缶や白桃缶もおすすめ。

チョコレートバナナパイ

人気のチョコバナナ。作りはラフでもおいしさは一級品。

これはアメリカンパイと呼ばれるお菓子のひとつで、見た目の通り、とてもラフな作りです。でもその見た目をくつがえす予想以上のおいしさに、みんなひと口食べると目を丸くして驚きます。撮影スタッフにもとても好評で、あっという間に試食分がなくなってしまいました。

満足感はあるのに重たくない。その秘密はクリームにあります。本来、チョコレートクリームはカスタードクリームをベースにするのが一般的ですが、あえて生クリームを使って軽さを出しました。隠し味にラム酒を加え、甘ったるさを抑えています。

材料（直径約18.5cmのパイ皿・1台分）

［練りパイ生地］
- バター（食塩不使用）… 70g
- 薄力粉 … 110g
- A 溶き卵 … 1/2個分
  - グラニュー糖 … 小さじ2
  - 塩 … 小さじ1/4

［チョコレートクリーム］
- チョコレート＊ … 30g
- 牛乳 … 大さじ1
- 生クリーム … 100mℓ
- ラム酒（あれば）… 小さじ1

バナナ … 2本

B 生クリーム … 100mℓ
- きび砂糖（または砂糖）… 小さじ1

＊チョコレートは製菓用でも市販の板チョコでもOK。製菓用の方がカカオの風味が強くなる。

下準備

- バターは室温にもどす。
- Aは混ぜておく。

保存　冷蔵1～2日。

180℃　20分　＋　5分

❶ 生地を作り、パイ皿に敷く

「田舎風型なしいちごタルト」（P36）の作り方①～③と同様にパイ生地を作る。オーブンを180℃に予熱する。生地をパイ皿にのせ、手で押さえてなじませる。はみ出た部分は内側に折り、底にフォークで穴をあける。

＊古くなったあずき、大豆でも代用可。

❷ 下焼きする

オーブン用シートを敷き、タルトストーン＊をのせ、180℃のオーブンで20分焼く。シートごとタルトストーンをはずし、さらに5分焼く。パイ皿ごとケーキクーラーにのせて冷ます。

❸ チョコレートクリームを作る

鍋に湯せん用の湯（約50℃）を準備する。ボウルにチョコレート、牛乳を入れて湯せんにかけ、ゴムべらで混ぜてチョコレートを溶かす。湯せんからはずす。

生クリームを3～4回に分けて加え、ハンドミキサーの低速でそのつどよく混ぜる。ラム酒を加えて混ぜ、氷水に当ててもったりとするまで泡立てる。

❹ 仕上げる

チョコレートクリームを②の生地に流し入れる。バナナをひと口大に切ってクリームに埋め込み、ゴムべらで平らにならす。

別のボウルにBを入れてハンドミキサーの高速で八分立て（もったりとして筋が描けるくらい）にする。チョコレートクリームにのせて広げ、スプーンの背で表情をつける。冷蔵庫で1時間ほど冷やす。

＊スプーンの背でリズミカルにペタペタと触れるときれいに角ができる。

さつまいもモンブラン

さつまいもをざるでこして、ふんわりミモザ風に。

ひと昔前のケーキ屋さんの黄色いモンブランは、さつまいもをベースに作られていることが多くありました。実はぼく、ときどきあの味が恋しくなり、自分で作ることがあります。本格的な栗のモンブランとは違ったおいしさがありますよね。

さつまいもはざるに押しつけてこすと、ミモザのようにふわっとして、クリームにかけるだけでもちゃんと上品なひと皿に仕上がります。クッキー部分はマフィンやカステラ、メレンゲ菓子などに替えても。もう少し甘さが欲しければ、仕上げに粉砂糖をふって、雪化粧のモンブランにしても。

材料（2人分）

さつまいも…1本(220～250g)
生クリーム…100mℓ
グラニュー糖…小さじ2
好みのクッキー…2～3枚

保存　作った当日中。

❶ さつまいものアクを取る

さつまいもは両端を3cmずつ切り落とし、皮つきのまま3～4等分に切る。たっぷりの水につけ15分ほどおいてアクを取る。

❷ 蒸す

①のさつまいもを蒸気の上がった蒸し器に入れ、弱めの中火で7～10分、竹串がすっと入るようになるまで蒸す。取り出して冷まし、皮を厚めにむく。

❸ ざるでこす

ボウルに粗めの平たいざるなどを重ね、②のさつまいもをカードで押しつけてこす。

❹ 生クリームを泡立てる

別のボウルに生クリームとグラニュー糖を入れ、氷水に当てて泡立て器で八分立て（もったりとして筋が描けるくらい）にする。

❺ 仕上げる

器にクッキーを割って敷き、④のクリームをのせ、③のさつまいもをかける。

オイルマフィン

卵と砂糖を白っぽくなるまで混ぜると翌日もふんわり。

家で楽しむ手作りマフィンは、思い立ったらすぐ作れて、難しいことなしに誰でも作れる、ふわふわ生地のレシピが一番。ぼくもよく作ります。でもたくさんのレシピがある中で、焼き立ても、翌日の朝ごはんにもおいしい、このふたつを両立させるマフィンのレシピはなかなか難しかったのです。

そこで、いろいろな配合を試して、たどり着いたのがこのオイルマフィンのレシピ。コツはひとつだけ。卵と砂糖を混ぜるとき、しっかり白っぽくなるまで混ぜること。ここだけがんばれば、作りたても、翌日もふんわりと軽やかなマフィンが味わえます。

180℃ 28～30分

❶ 卵、砂糖、塩を混ぜる

ボウルに卵、上白糖、塩を入れ、泡立て器で白っぽくなるまですり混ぜる。

＊ここでしっかりすり混ぜることで、ふっくらとした焼き上がりに。

❷ 油、牛乳、ヨーグルトを加える

米油を加え、油の筋が見えなくなるまで混ぜる。牛乳、ヨーグルトを加えてさっと混ぜる。

❸ 粉類を加える

Aを加え、粉けがなくなるまで混ぜる。

❹ ベリーミックスを加える

冷凍ベリーミックスの半量を凍ったまま加え、泡立て器でさっと混ぜる。

❺ 焼く

型に等分に流し入れる。残りの冷凍ベリーミックスを凍ったまま等分にのせ、パールシュガーを散らす。180℃のオーブンで28～30分焼く。

材料（直径6cmのマフィン型・6個分）

卵 … 1個
上白糖 … 60g
塩 … ひとつまみ
米油（またはサラダ油）… 70g
牛乳 … 60mℓ
プレーンヨーグルト … 大さじ1
A 薄力粉 … 120g
　ベーキングパウダー … 小さじ1
冷凍ベリーミックス … 80g
パールシュガー（またはざらめ糖）… 30g

小さなかたまりの砂糖で、焼いても溶けず、シャリッとした食感を楽しむことができる。

下準備

- Aは合わせてふるう。
- 型に専用の紙カップを敷く。
- オーブンを180℃に予熱する。

保存　室温2～3日。

クリームドーナツ

ふんわりもっちりのイースト生地は〝こね〟が肝心！

ふわふわパン生地のドーナツです。いろいろ試してみましたが、パンは基本に忠実に作るのがやっぱり一番おいしい！ 少し手間はかかるけれど、確実においしく作れる自慢のレシピになりました。

　コツは生地を1〜2分かけてしっかりこねること。実際に時計ではかってみると、意外に長く、体感だけだと半分もこねられていなかったりします。ちょっぴり疲れるかもしれませんが、ここだけしっかり押さえておけば、お店みたいなふわふわドーナツが作れます。

　クリームなしでももちろんおいしいですよ。

クリームドーナツ

材料（直径約8cm・6個分）

バター（食塩不使用）… 30g
グラニュー糖 … 大さじ1
塩 … 2g
バニラエッセンス … 2滴
卵黄 … 1個分（約20g）
A 強力粉・薄力粉 … 各100g
　インスタントドライイースト … 2g
牛乳 … 100mℓ
打ち粉（強力粉）、揚げ油、上白糖、シナモンパウダー
（コーヒークリーム仕上げの場合）… 各適量

［ジャムクリーム（6個分）］
生クリーム（脂肪分40％以上）… 70mℓ
グラニュー糖 … 小さじ2
ギリシャヨーグルト … 大さじ2
（またはプレーンヨーグルト大さじ1）
好みのジャム … 40g

［コーヒークリーム（6個分）］
生クリーム（脂肪分40％以上）… 100mℓ
グラニュー糖 … 大さじ1
A インスタントコーヒー（顆粒）… 小さじ2
　ラム酒、湯 … 各小さじ1

下準備

- Aはボウルに入れ、乾いた泡立て器でよく混ぜる。
- バターは室温にもどす。
- 牛乳（冷蔵庫から出したてのもの）は耐熱容器に入れ、電子レンジで15秒ほど加熱して常温にする。
- 12cm四方のオーブン用シートを6枚準備する。
- ジャムクリームを作る。生クリームにグラニュー糖を加えて八分立て（もったりとして筋が描けるくらい）にする。ヨーグルトとジャムの半量を加えて混ぜる。残りのジャムを散らす（混ぜずにしぼり出し袋に入れるとマーブルになる）。
- コーヒークリームを作る。生クリームにグラニュー糖を加えて八分立て（もったりとして筋が描けるくらい）にする。混ぜたAを加えて混ぜる。

保存　冷蔵で作った当日中。

❶ バター、砂糖などと卵を混ぜる

ボウルにバター、グラニュー糖、塩、バニラエッセンスを入れ、泡立て器で白っぽくなるまですり混ぜる。卵黄を加えてさらにすり混ぜる。

＊ここでしっかりすり混ぜることで、ふんわりと口溶けのよい生地に。

❷ 粉類、牛乳を加える

Aを加え、中央をへこませて牛乳を加える。ゴムべらで混ぜてなじませる。

＊生地がかたいので、ゴムべらを使うとスムーズに混ぜられる。

カードでボウルにすりつけながら、粉けがなくなるまで混ぜる。

❸ こねる

台に取り出し、生地をきき手のつけ根で台に押しつけるようにして、生地を均一にする。生地の表面がつるっとしてくるまで1〜2分こねる。

＊こね始めはかたいが、少しずつやわらかくなり、つやが出てくる。

❹ 一次発酵させる

丸めてボウルに入れ、ラップをかけて2倍ほどの大きさになるまで、室温に60～90分おく。

❺ 成形する

生地の表面に打ち粉をし、カードをボウルと生地の間に差し込み、ボウルを逆さまにして台に取り出す。カードで6等分（61～64g）にする。

角を内側に折り込むように丸め、とじ目をつまみ、手のひらで押して円盤状にする。

＊とじ目をしっかりとつまんでとじておかないと、揚げたときに割れる原因に。

❻ 二次発酵させる

1個ずつオーブン用シートにのせ、トレイなどに間隔をあけて並べる。ぬれぶきんをかぶせて、ひとまわり大きくなるまで室温に45～60分おく。

❼ 揚げる

揚げ油を中温（約170℃）に熱し、生地をオーブン用シートをつけたまま2～3個入れる。トングでシートを除き、返しながら3分30秒～4分揚げ、油をきる。残りも同様に揚げる。

❽ 砂糖をまぶす

温かいうちに上白糖を入れたバットに入れ、全体にまぶす（コーヒークリーム仕上げは、砂糖にシナモンパウダー少々を混ぜたものをまぶす）。

❾ クリームを詰める

ナイフを横から中心くらいまで刺して左右に動かし、空洞を作る。

好みのクリームをしぼり出し袋に入れて、均等に詰める。

スフレパンケーキ

舌の上でとろける
ふわっふわの食感は
メレンゲが命。

一時期大流行したふわっふわのスフレパンケーキ。ぼくも行列に並んで食べに行きました。ブームは落ち着いているのかもしれませんが、今でもときどき無性に食べたくなる！　ベーキングパウダーでふくらませるホットケーキと違い、卵白を泡立てたメレンゲを生地に混ぜ、その気泡でふくらませるこのパンケーキ、ポイントは、しっかりとしたメレンゲを作り、なるべくつぶさないように生地に混ぜること、食べる分だけ生地を作り、すぐに焼くこと。時間をおくとメレンゲの泡が消え、その生地はいくら焼いてもふわふわにはならないのです。

材料 (直径約12cm・2枚分)

卵黄 … 1個分
牛乳 … 大さじ1
米油(またはサラダ油) … 小さじ2
A 強力粉 … 15g
　ベーキングパウダー … 小さじ1/4
[メレンゲ]
　卵白 … 2個分
　塩 … ひとつまみ
　グラニュー糖 … 大さじ1
[仕上げ(好みで)]
　ホイップクリーム、粉砂糖、好みのナッツ
　　… 各適量

下準備

- Aは合わせてふるう。

保存 作った当日中。

❶ 卵黄、牛乳、油、粉類を混ぜる

ボウルに卵黄、牛乳、米油を入れて泡立て器で混ぜ、Aを加えてつやが出るまで混ぜる。ホットプレートにサラダ油少々(分量外)を塗り、140～150℃に予熱する。

❷ メレンゲを作る

別のボウルに卵白を入れ、塩、グラニュー糖を加えて、ハンドミキサーの高速で角が立つまで泡立てる。

❸ ①の生地とメレンゲを混ぜる

メレンゲの1/3量を①のボウルに加え、泡立て器でよく混ぜる。

メレンゲのボウルに戻し入れ、気泡をつぶさないようにゴムべらでさっくりと混ぜる。

❹ 焼く

③の生地を2等分してカードなどですくい、ホットプレートに落とし入れる。湯を10～15mℓ注いですぐにふたをして、3～4分焼く。

側面が乾いてきたら上下を返し、再度ふたをして3分ほど焼く。器に盛り、好みでホイップクリーム、粉砂糖、ナッツなどをトッピングする。

＊フライパンで焼くときは、サラダ油を薄くひいてごく弱火で熱し、同様に焼く。生地が2枚分入らないときは、少し楕円形にして落とし入れるとよい。

ふわふわ
フレンチトースト

卵たっぷり。
プリンのような
なめらかな食べ心地。

前作で紹介した、食パンに卵液をからめてすぐに焼くフレンチトーストは、母がよく作ってくれたぼくの思い出の味。それはそれで最高においしいのですが、大人になってお店で食べた、パンに卵液がしみっしみの、とろけるようなフレンチトーストもまた捨てがたい味です。

卵液は面倒でも一度こしてください。でき上がりの舌ざわりがプリンのようななめらかさに仕上がります。パンは厚めの4枚切りがおすすめ。できれば買ってきてすぐの新しいパンより、1〜2日経った少しパサつきはじめのものが、卵液をよく吸ってくれます。

材料（2人分）

食パン（4枚切り）… 2枚
卵 … 3個
グラニュー糖 … 大さじ2
牛乳 … 180mℓ
バニラエッセンス … 1～2滴
バター … 大さじ2
［仕上げ（好みで）］
　バター、粉砂糖、メープルシロップなど
　　… 各適量

保存　食パンを卵液につけた状態で冷蔵2～3日。

❶ 食パンを準備する

食パンの4辺の耳を切り落として半分に切り、厚手の保存袋に平らに並べ入れる。

❷ 卵に砂糖などを混ぜる

ボウルに卵、グラニュー糖を入れて泡立て器で卵を溶きほぐし、牛乳を少しずつ加えてよく混ぜる。バニラエッセンスを加えて混ぜる。

❸ こす

ざるなどでこし、混ぜ残りの卵白などを除く。

❹ 卵液をしみ込ませる

①の保存袋をバットなどにのせ、卵液を流し入れ、しっかりと口を閉じる。冷蔵庫に6時間以上おいて、パンに卵液を十分にしみ込ませる。

❺ 焼く

フライパンにバターの半量を弱めの中火で溶かし、④の半量を入れて5～6分焼く。

焼き色がついたら上下を返して同様に焼く。残りも同様に焼く。器に盛り、好みでバターをのせ、粉砂糖、メープルシロップをかける。

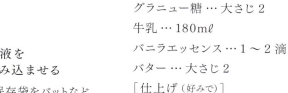

フルーツサンド

パンとクリーム、フルーツの黄金バランス。

最近ではコンビニなどでもフルーツサンドを見かけるようになりましたね。ぼくもときどき買いますが、市販のフルーツサンドは、パンの塩けとミルキーな生クリーム、甘ずっぱいフルーツのバランスがいまひとつだと感じていました。パンの塩分と弾力が主張しすぎて目立ってしまい、せっかくのフルーツが引き立たなくなる……と。

そこで、クリームにヨーグルトを加えたり、パンにジャムを塗ったりして、ぼくなりのフルーツサンドを考えてみました。それぞれのバランスがよくなって、グッと食べやすくなったと思いますが、いかがでしょうか？

材料 (4切れ分)

食パン(8枚切り) … 4枚
好みのフルーツ(いちご、パイナップル、キウイフルーツなど)
　… 200 〜 270g
[ヨーグルトクリーム]
　生クリーム … 200mℓ
　グラニュー糖 … 大さじ1
　プレーンヨーグルト … 大さじ2
ジャム(好みのもの) … 適量

下準備

- フルーツは3〜4cm大に切る(いちごは切らずに使用。キウイは縦半分、大きければさらに縦半分に切る)。

保存　冷蔵で作った当日中。

❶ ヨーグルトクリームを作る

ボウルに生クリーム、グラニュー糖を入れて氷水に当て、泡立て器で八分立て(もったりとして筋が描けるくらい)にする。ヨーグルトを加えて混ぜる。

❷ ジャムを塗り、クリームをのせる

食パン1枚にジャムを小さじ2ほど塗り、ヨーグルトクリームの1/4量をのせる。

❸ フルーツを並べる

フルーツを対角線上に並べる。

＊対角線に沿って切ることをイメージし、切り口がきれいに出るように並べる。

❹ クリームをのせてはさむ

ヨーグルトクリームの1/4量をのせ、もう1枚の食パンではさむ。同様にもう1組作る。

❺ 形をなじませて切る

ラップで包み、切る方向に印をつけておく。冷蔵庫に15分ほどおいて形をなじませる。

軽くぬらしたナイフでラップごとパンの耳を切り落とし、ラップをはずして斜め半分に切る。

カステラ

たっぷりの砂糖が
カステラの
おいしさを支える。

カステラは、砂糖をたくさん使うお菓子です。ぼくも伝統的なレシピを読んだときに、間違い？　と思ったくらい。でも砂糖を減らして作ってみたら、全然おいしくありませんでした。そのくらい、カステラにおける砂糖の役割は重要です。

作ってすぐはなんとなく味も落ち着かなくて、食感もかたい感じがしますが、半日以上おくと、あれ？　と思うほど、しっとりした食感になっています。これも砂糖の効能。甘くするだけが砂糖の役割ではない……。カステラを作るとよくわかりますよ（それでもギリギリまで砂糖を減らしています……！）。

材料（15cm 四方の角型・1 台分）

卵 … 4 個
上白糖 … 120g
強力粉 … 75g
A　はちみつ、みりん、米油（またはサラダ油）
　　… 各大さじ 1
ざらめ糖 … 15g

下準備

- 型の縁から高さ 5cm ほどはみ出すようにオーブン用シートを敷き、倒れないようにつなぎ目をホチキスでとめる。
- 鍋に湯せん用の湯を準備する（約 50℃。鍋底に気泡が見えはじめ、湯気が出る程度）。
- ボウルに A を入れて湯せんにかけ、はちみつを溶かす。
- オーブンを 170℃に予熱する。

保存　室温 3 ～ 4 日。

170℃　15分　+　150℃　40～45分

❶ 卵、砂糖を混ぜる

別のボウルに卵、上白糖を入れて湯せんにかけ、ハンドミキサーの低速で混ぜる。人肌程度（約 40℃）に温まったら湯せんからはずす。

❷ 泡立てる

高速に切り替え、すくった生地がリボン状に落ちるようになるまで泡立てる。

＊糖度が高く泡立ちにくいので、卵液が泡立つ前に冷めてしまったら、もう一度湯せんで温めてから泡立てるとよい。

❸ 粉を加えて混ぜ、A に少量混ぜる

強力粉を加え、ゴムべらでさっくりと混ぜ、粉けがなくなったら A のボウルにひとすくい加えて、泡立て器で混ぜる。

❹ 生地に戻して混ぜ、型に入れる

生地のボウルに戻し入れ、ツヤが出るまでゴムべらで 100 回ほど混ぜる。型の底にざらめ糖をふり、生地を流し入れ、10cm ほどの高さから落として大きな気泡を抜く。

❺ 焼く

170℃のオーブンで 15 分、150℃にして 40 ～ 45 分焼く。中央に竹串を刺してみて、生の生地がついてこなければ焼き上がり。

❻ 冷まして切る

上面にオーブン用シートを当ててひっくり返し、型をはずす。オーブン用シートごとラップで包み、平らなところで完全に冷ます。

＊半日ほど休ませると、さらにしっとりする。

オーブン用シートをはがして側面を切りそろえる。

ごまみつ白玉

力を込めて しっかりこねると つやつやもっちり。

甘じょっぱいごまみそ味のペーストを白玉に包んで、薄甘いシロップをたっぷりかけて食べるデザートです。台湾で食べたものをヒントに、少し和風味に仕立ててみました。

作り方は簡単なので失敗なく作れると思いますが、白玉をグッとおいしくするコツがあります。それは白玉粉に水を混ぜたら、ボウルの底に押しつけるようにして力をかけてこねることです。こうすることで、白玉粉の粒子の奥まで水がいきわたってなじみ、つやつやでもっちりとした白玉に。ちょっとしたことですが、でき上がりが変わりますので試してみてください。

材料（白玉20個・4～5人分）

白玉粉…100g

水…100mℓ

［ごまペースト］

　黒練りごま…大さじ1

　グラニュー糖…大さじ1

　みそ…小さじ1

［しょうがシロップ］

　水…2カップ

　メープルシロップ（または上白糖）…大さじ2

　しょうが汁…小さじ1

　しょうがの薄切り…4～5枚

下準備

- しょうがシロップの材料を混ぜ、冷蔵庫で冷やす。

保存　作った当日中。ごまペーストを包んだ生地は、バットなどに並べて冷凍1週間。凍ったまま浮いてくるまでゆで、さらに1分ゆでて冷水にとる。

❶ ごまペーストを作る

ボウルにごまペーストの材料を入れ、スプーンでよく練り混ぜる。20等分して丸める。

＊ペースト状にまとまらず、ぼそぼそしていたら、水を数滴混ぜて練り混ぜて。

❷ 白玉粉をこねる

ボウルに白玉粉と水を入れて手で混ぜ、粉けがなくなるまでこねる。

＊白玉粉は粒子が粗いので、耳たぶより少しかたいくらいまでしっかりこねることで、口当たりのよい白玉になる。

❸ 丸める

②の生地を20等分（約10g）して手で丸め、軽く押さえて円盤状にする。

❹ ごまペーストを包む

生地の中央に、①のごまペーストをひとつずつのせて包み、丸める。

❺ ゆでる

鍋にたっぷりの湯を沸かし、④を入れて弱火にし、浮いてくるまで2分ほどゆでる。さらに1分ゆでて網じゃくしで引き上げ、冷水にとる。器に盛り、しょうがシロップをかける。

あんバターどら焼き

小さめに焼いて、バターをはさんだ現代風のどら焼き。

洋菓子を勉強していると、和菓子は食べる専門になって、作り方までは調べたことがありませんでした。あるとき、和菓子屋さんでどら焼きの皮を焼いているのを見て、クレープやホットケーキと同じ、小麦粉で作った生地だと気づいたときに、自分でも作れるかも……と思ったのがぼくの和菓子作りデビューです。

生地は材料を混ぜていくだけなので難しくありませんが、注意したいのは、どら焼きの生地は2枚一組なので、同じ大きさで焼かないといけないこと。目分量はNGです。大さじで生地をすくって鉄板に落として焼くと安心です。

材料（直径約8cm・8～10個分）

卵…2個
上白糖…120g
A 水…大さじ3
　はちみつ…小さじ1
　みりん（または水）…小さじ1
B 薄力粉…140g
　重曹（またはベーキングパウダー）…小さじ1
粒あん（市販・または P60 参照）…200g
バター（食塩不使用・有塩いずれか好みのもの）…50g

下準備

- Aを混ぜてはちみつを溶かす。
- Bは合わせてふるう。

保存　冷蔵2～3日。

❶ 卵、砂糖、Aを混ぜる

ボウルに卵、上白糖、Aを入れて泡立て器で混ぜ、砂糖を溶かす。

＊ここで泡立ててしまうと、焼き色がまだらになってしまうので、なるべく泡立てないように混ぜる。

❷ 粉類を混ぜ、休ませる

Bを加え、粉けがなくなるまで混ぜる。ラップをかけて冷蔵庫で30分以上休ませる。

❸ 焼く

ホットプレートにキッチンペーパーでサラダ油（分量外）をごく薄く塗り、150℃に温める。②の生地を大さじ1ずつ流し入れ、ふたをして3分ほど焼く。

表面にぽつぽつと気泡が出てきたら上下を返し、再びふたをして2分30秒ほど焼く。ケーキクーラーに取り出して冷ます。

＊フライパンで焼くときは、サラダ油を薄くひいてごく弱火で熱し、同様に焼く。

❹ あんとバターをはさむ

生地1枚に粒あんを大さじ2～3、薄切りにしたバターをのせ、もう1枚の生地ではさむ。残りも同様にはさむ。

Arrange ／ あんずどら焼き

鍋にドライアプリコット8～10個を入れ、ひたひたの水を加える。煮立ったら砂糖大さじ1を加え、弱火で10分ほど煮て、そのまま冷ます。汁けを押さえ、作り方❹のバターの代わりにはさむ。

手作りあんこ

ちょっぴり手間と時間はかかるけれど、手作りあんこのおいしさは格別なもの。
あずきは他の豆のように、ひと晩水につけたりする必要はありませんので、
思い立ったらすぐはじめられます。冷凍保存もできるので、ぜひ作ってみて。

材料（作りやすい分量）

あずき … 250g
グラニュー糖 … 190g
塩（好みで） … ひとつまみ

［保存］冷蔵3～4日。冷凍1～2週間。

❶ あずきを洗う

あずきはたっぷりの水につけ、浮いてきたものや、虫食いがあるものは除く。流水でさっと洗い、ざるに上げる。

❷ ゆでこぼす

鍋にあずきと水3カップを入れて中火で煮立て、2～3分ゆでてざるに上げる。流水をかけてさっと洗い、鍋に戻す。

＊新豆（その年にとれた豆）ならこのまま③へ。古い豆のときはもう1度ゆでこぼす。

❸ ゆでる

②に水5カップを加えて中火で煮立てる。ふつふつ煮立つくらいの弱火にし、40～60分ゆでる。途中、アクが出たらすくい、豆が水面から出るようになったら水を足す。

＊水を足したときは火を強め、いったん沸騰させてからまた弱火に戻す。

❹ 蒸らす

あずきを箸でつまんでみて、割れるくらいにやわらかくなったら火を止め、ふたをして30～40分おく。

＊余熱を利用して火を通すことで、あずきが煮くずれるのを防ぐ。

❺ 汁けをきる

ゆで汁を半量ほど捨て、水2カップを加えてさっと混ぜる。厚手のキッチンペーパーを敷いたざるに上げ、ペーパーの角をたたむようにあずきを包み、ゴムべらでやさしく押して、汁けを取る。

＊力いっぱい押すと、ペーパーが切れてしまうので注意。あればさらしが便利。

❻ 砂糖を加える

あずきを鍋に戻し入れ、グラニュー糖、水1/4カップを加えて混ぜる。

❼ 煮詰める

中火にかけ、沸騰してきたら強めの中火にし、常に混ぜながら4〜5分煮る。つやが出て、鍋底に線がかけるくらいまで煮詰め、塩を加えて混ぜる。

＊冷めるとかたくなるので、煮詰めすぎないように気をつけて。

❽ 冷ます

バットなどに移し、乾かないようにラップを表面にぴったりと貼りつけて冷ます。

［ 手作りあんこ ］
こんなふうに食べてもおいしい！

■ しっとり和風マフィンに

「オイルマフィン」（P42）の冷凍ベリーミックスの代わりにあんこを50gほど混ぜて同様に作ります。

■ ガトーショコラに

あんことチョコは相性抜群。「混ぜるだけガトーショコラ」（P68）の作り方③で、あんこを30gほど混ぜて同様に作ります。

■ あずきアイスに

「ジャムマーブルアイス」（P105）のジャムを、あんこ60〜70gに替えて同様に作ります。

■ あんこラップドクレープに

「ラップドクレープ」（P19）のフルーツの代わりにあんこを入れて作ります。

■ あんドーナツ、あんシフォンに

「クリームドーナツ」（P44）のクリームをあんこに替えて。また「カップバナナシフォン」（P74）のクリームにあんこを混ぜて詰めても。

■ 大人味のあんこに

あんこにラム酒やウィスキーを少量混ぜて大人味に。バターとともにトーストにのせたり、白玉に添えても。

二章

シンプルな焼き菓子

パウンドケーキやフィナンシェ、
チーズケーキやカップシフォンなど、
粉や卵、バターのおいしさが
存分に楽しめる
焼き菓子のレシピを集めました。
甘さを抑えたケーキは
飽きずに食べられるし、
ちょっとした手みやげにも
ぴったりです。

キャラメルマーブル
パウンドケーキ

きれいなマーブルの模様を作る、2段階の作業。

バターをたっぷり使った、しっとりパウンドケーキの生地にキャラメルソースを混ぜて焼き上げます。ポイントは生地にキャラメルを混ぜきらず、マーブル状に散らすこと。こうすることで、食べたときに、プレーン生地の味わいと、ところどころにひそむ濃厚なキャラメル味の対比を楽しめます。

きれいなマーブルに仕立てるには、作業を2段階に分けます。2種の生地を粗く混ぜて型に入れ、そのあと型の中で竹串を使って、さらに細かい模様に。こうすることできれいな流線状のマーブル模様ができ上がります。

キャラメルマーブル
パウンドケーキ

180℃ 25分 ＋ 160℃ 25〜30分

材料（18×8×高さ6cmのパウンド型・1台分）

バター（食塩不使用）… 90g
グラニュー糖 … 80g
卵 … 1個
卵黄 … 1個分
A 薄力粉 … 100g
　ベーキングパウダー … 小さじ1/4
塩 … 小さじ1/4
［キャラメルソース］
　グラニュー糖 … 50g
　水 … 小さじ2
　ウイスキー … 大さじ1
　バター … 15g
仕上げ用ウイスキー … 大さじ2

下準備

- 型にオーブン用シートを敷く。
- バターは室温にもどす。
- Aは合わせてふるう。
- オーブンを180℃に予熱する。

保存　室温4〜5日。

❶ キャラメルソースを作る

鍋に水、グラニュー糖を入れて中火にかけ、混ぜずにグラニュー糖が濃い褐色になるまでこがす。

火を止め、ウイスキーを加える（はねるのでざるをのせるとよい）。バターを加えて混ぜ、再び弱火にかけ、ゴムべらで混ぜ、粗熱を取る。

❷ バターと砂糖を混ぜる

ボウルにバターとグラニュー糖を入れ、ハンドミキサーの低速でやわらかく練り混ぜる。高速に切り替え、ふんわりと白っぽくなるまでしっかり泡立てる。

❸ 卵を加えて泡立てる

卵、卵黄を溶きほぐして②に2〜3回に分けて加えながら、高速で3分ほど泡立てる。

＊ふんわりしたバタークリームのような状態になれば、口溶けのよい生地に。

❹ 粉類を加える

Aを加え、ゴムべらで粉けがなくなるまで混ぜる。

＊ボウルの側面、ゴムべらのつけ根に残った粉けも合わせて混ぜる。

さらにつやが出るまで50回ほど混ぜる。

❺ キャラメル生地を作る

別のボウルに④の1/4量とキャラメルソース、塩を加えて混ぜる。

❻ 生地を合わせてざっと混ぜる

キャラメル生地を④のボウルに少しずつすくって入れる。

ゴムべらで2～3回混ぜてマーブル模様の生地にする。

＊キャラメル生地が見えるくらいにざっと混ぜればOK。

❼ 型に入れる

カードなどですくって型に重ねるように入れ、底をトントンとたたいてなじませる。

竹串で8の字を描くように全体を混ぜる。

＊一度竹串が通ったところはなぞらないようにすると、きれいなマーブル模様になる。

❽ 焼く

180℃のオーブンで25分焼き、160℃にして25～30分焼く。中央に竹串を刺してみて、生の生地がついてこなければ焼き上がり。

❾ 仕上げる

オーブン用シートごと取り出してケーキクーラーにのせる。熱いうちに側面のシートをはがし、全面に刷毛でウイスキーを塗り、冷ます。

混ぜるだけ
ガトーショコラ

混ぜて焼くだけ。
でも絶対おいしい
自画自賛レシピ。

ぼくはガトーショコラが好きなのですが、チョコレートを溶かしたり、卵を泡立てたりと、それなりに工程が多いので、作るのが億劫だなと感じることもあります。もちろんきちんと作ったガトーショコラのおいしさは格別ですが、濃厚なチョコレートケーキをすぐにでも食べたい！　という、そんな自分のために、材料を混ぜていくだけで作れる速攻ガトーショコラのレシピを考えました。

このレシピ、混ぜて焼いただけとはバレないレベル、自画自賛の仕上がりです。これでぼく自身も安心（笑）。好みでフルーツや生クリーム、バニラアイスを添えてもおいしいです。

180℃ 40〜45分

❶ チョコレートとバターを混ぜる

ボウルにチョコレートを割り入れ、バターを加えて湯せんにかけ、泡立て器で混ぜながら溶かす。

❷ 砂糖、卵を加える

グラニュー糖、卵を加え、泡立て器でよく混ぜる。

❸ A、アーモンドパウダー、牛乳を加える

A、アーモンドパウダー、牛乳を加え、さらに混ぜる。

❹ 焼く

型に流し入れ、180℃のオーブンで40〜45分焼く。

中心に竹串を刺してみて、生の生地がついてこなければ焼き上がり。型からはずし、オーブン用シートごとケーキクーラーにのせて冷ます。

材料（直径15cmの底が抜ける丸型・1台分）

チョコレート* … 100g
バター（またはサラダ油）… 70g
グラニュー糖 … 50g
卵 … 1個
A 薄力粉 … 20g
ココアパウダー … 15g
ベーキングパウダー … 小さじ1/2
アーモンドパウダー … 20g
牛乳 … 50mℓ

* チョコレートは製菓用でも市販の板チョコでもOK。製菓用の方がカカオの風味が強くなる。

下準備

- 型にオーブン用シートを敷く。
- Aは合わせてふるう。
- 鍋に湯せん用の湯を準備する（約50℃。鍋底に気泡が見えはじめ、湯気が出る程度）。
- オーブンを180℃に予熱する。

保存 冷蔵4〜5日。

フィナンシェ

こがしバターは温かいうちに生地に混ぜる。

こがしバターを使った焼き菓子の代表とも言えるフィナンシェ。このレシピは、高温で一気に焼いていく作り方なので、角やまっすぐな辺があるとこげやすかったりしておいしく焼けません。なので、四角いインゴット型で焼くより、オーバル型や市販の紙カップ、アルミカップで作るのがおすすめです。

　肝心のこがしバターは、粗熱が取れたら温かいうちに生地に混ぜることがポイント。そうすることで、こがしたバターの香りがしっかりと生地に移り、食べたときに濃厚なうまみが口いっぱいに広がります。

材料 (8cm オーバル型・7～8個分)

卵白 … 70g
塩 … ひとつまみ
上白糖 … 110g
アーモンドパウダー … 40g
薄力粉 … 40g
バター(食塩不使用) … 100g

下準備

- バター適量(分量外)は室温にもどす。やわらかく練って刷毛で型の内側に厚めに塗り、冷蔵庫で冷やす。

- 薄力粉はふるう。
- オーブンを190℃に予熱する。

保存 室温2～3日。冷蔵4～5日。

190℃ 14～16分

❶ 卵白に砂糖、粉類などを混ぜる

ボウルに卵白を入れて泡立て器で軽く泡立てる。塩、上白糖、アーモンドパウダー、薄力粉を加えて粉けがなくなるまで混ぜる。

❷ こがしバターを作る

鍋にバターを入れ、弱火にかけて溶かす。中火にし、沸騰してきたら泡立て器で絶えず混ぜながら、褐色になるまで加熱して火を止め、底を水に当てて粗熱を取る。

❸ 生地とこがしバターを混ぜる

②が温かいうちに①のボウルに加え、泡立て器で混ぜる。

＊温かいうちに生地に加えることで、こがしバターの香りがしっかりとつく。

❹ 焼く

冷やした型に等分に流し入れる。190℃のオーブンで14～16分焼く。

❺ 型からはずす

熱いうちに型からはずし、オーブン用シートを敷いたケーキクーラーにのせて冷ます。

＊オーブン用シートを敷いておかないと、網にくっついたり、網の目の跡がついてしまう。

型がないときは

紙カップやアルミカップで焼いてもOK。生地を直接カップに入れ、同様に焼く。

クラシックチーズケーキ

チーズケーキは シンプルな配合で 味の輪郭がキリッ。

複雑に味を重ねることがおいしさにつながるお菓子もたくさんあります。でもチーズケーキに関しては、それが当てはまらないとぼくは思っています。配合を単純にすればするほど、くっきりとした味の輪郭が出てくる。これはぼくのベイクドチーズのレシピの中でも、かなりの自信作です。

シンプルな生地に、風味のよいビスケットとラムレーズンを合わせることで、ワンランク上の味わいになります。

ひとつだけ気をつけてほしいのは、空気が入り込みすぎないようにすること。泡立て器を立てて、ぐるぐると混ぜてください。クリームチーズに気泡がたくさん含まれてしまうと、ケーキがざらざらした食感になり口溶けがよくならないのです。

170℃ 35〜40分

❶ チーズ、砂糖、粉を混ぜる

ボウルにクリームチーズ、グラニュー糖、薄力粉を入れ、ゴムべらで均一に練り混ぜる。

❷ 卵などを加える

卵、生クリーム、レモン汁の順に加え、そのつど泡立て器で混ぜ残りがなくなるまで混ぜる。

❸ こして型に入れる

②の生地をざるなどでこす。型の底にラムレーズンを散らし、生地を静かに流し入れる。10cmくらいの高さから落として、大きな気泡を抜く。

❹ 焼く

170℃のオーブンで35〜40分焼く。型の縁までふくらみ、表面にきれいな焼き色がついたら焼き上がり。型ごと冷まし、冷蔵庫で冷やしてからオーブン用シートごと型からはずす。

材料（18×8×高さ6cmのパウンド型・1台分）

クリームチーズ … 200g
グラニュー糖 … 60g
薄力粉 … 大さじ1
卵 … 1個
生クリーム … 120mℓ
レモン汁 … 小さじ1
キャラメル味のビスケット（市販品）* … 8〜10枚
ラムレーズン（市販品）… 50g

*かためのクッキー、ビスケットをくだいたものでもOK。

下準備

- クリームチーズは室温にもどす（または耐熱ボウルに入れ、電子レンジで1分ほど加熱する）。
- ラムレーズンは汁けをきる。
- 型にオーブン用シートを敷き、底にビスケットを2段重ねて並べる。すき間ができたらビスケットを割って詰める。

- オーブンは170℃に予熱する。

保存 冷蔵3〜4日。

カップバナナシフォン

カップで焼くから卵2個で作れる気軽な生地に。

　これまでシフォンケーキは、シフォンケーキ型で焼くもの、焼き上げたらすぐに逆さまにして冷ますことが当たり前と思っていました。それが、ふと気づいたのです。紙カップで焼けば、型からはずす手間もなく、小さいぶん、わざわざ逆さまにして冷まさなくても生地が凹みにくいということに……。それ以来、シフォンケーキはグッと気軽に作れるお菓子になりました。

　型の大きさに左右されないので、卵2個で作れるのもうれしい。つぶしたバナナを加えることで、しっとり、もっちりとした焼き上がりになりました。

カップバナナシフォン

180℃ 15～18分

材料（直径6cm・容量約145mℓの紙カップ・5～6個分）

バナナ* … 1本（正味100g）
バニラエッセンス（好みで） … 1～2滴
卵黄 … 2個分
きび砂糖 … 10g
米油 … 20g
無調整豆乳（または牛乳） … 25mℓ
A 薄力粉 … 30g
　きな粉 … 大さじ1/2
［メレンゲ］
　卵白 … 2個分
　塩 … 少々
　きび砂糖 … 25g
生クリーム … 75mℓ
メープルシロップ（または砂糖） … 大さじ1/2
バナナ（仕上げ用） … 適量

＊生地用のバナナが未熟でかたい場合は、耐熱ボウルに入れてラップをかけずに、電子レンジで1分ほど加熱する。

下準備

- Aは合わせてふるう。
- 卵白はボウルに入れ、氷水に当てる。

保存　冷蔵1～2日。

❶ バナナをつぶす

バナナは皮をむいてボウルに入れ、フォークでペースト状につぶす。好みでバニラエッセンスを加えて混ぜる。

❷ 卵黄、砂糖、油を混ぜる

別のボウルに卵黄を入れ、きび砂糖を加えて泡立て器ですり混ぜる。米油を加え、なじむまで混ぜる。

❸ バナナ、豆乳、粉類を加える

バナナ、豆乳を加えてさっと混ぜる。Aを加え、粉けがなくなるまで混ぜる。オーブンを180℃に予熱する。

❹ メレンゲを作る

卵白のボウルを氷水に当てたまま、塩、きび砂糖を加え、ハンドミキサーの低速でよく混ぜる。高速に切り替え、キメ細かく、角がおじぎするくらいまで泡立てる。低速で30秒ほど、ゆっくり混ぜてキメを整え、氷水からはずす。

❺ 生地とメレンゲを混ぜる

メレンゲを1/3量ほどすくって③のボウルに加え、泡立て器でよく混ぜる（泡がつぶれてもOK）。

さらに1/3量を加え、泡立て器でボウルの底から生地とメレンゲをすくい上げるように混ぜる。

＊泡立て器のワイヤーの間に、生地とメレンゲを通すようにしてなじませていくとよい。

❻ さらに混ぜる

残りのメレンゲを加えて泡立て器で同様に混ぜる。メレンゲの筋が見えなくなったらゴムべらでつやが出るまで30～50回混ぜる。

❼ 型に入れる

カードやスプーンで紙カップに等分に流し入れる。5cmほどの高さから落とし、生地を平らにならす。

＊ふくらむので、生地を入れるのは型の8割くらいまでにする。

❽ 焼く

天板に並べ、180℃のオーブンで、15～18分焼く。生地の割れ目の中にも焼き色がついたら焼き上がり。天板ごとケーキクーラーにのせて冷ます。

❾ クリームを詰める

ナイフを上から中心くらいまで刺して左右に動かし、空洞を作る。生クリームにメープルシロップを加えて八分立て（もったりとして筋が描けるくらい）にし、しぼり出し袋に入れ、少しはみ出るくらいにしぼり入れる。バナナの薄切りをのせる。

Arrange ／ カップチョコバナナシフォン

バナナ入りの生地と相性のいい
ココアパウダーを混ぜ込んで、
カカオが香るシフォンに。

Aのきな粉をココアパウダーに替えて同様に作る。仕上げにバナナの代わりに削ったチョコをトッピングする。

アップサイドダウンケーキ

フルーツと
アーモンド入りの
生地が好相性。

季節のフルーツを型の底に敷き詰め、アーモンドたっぷりの生地を流し入れて焼き、逆さまに取り出すケーキです。ここではオレンジを使いましたが、りんご、バナナ、パイナップルなど、加熱してもおいしいフルーツならどんなものでも作れます。

ポイントは卵と砂糖、アーモンドパウダーを温めて、もったりするまですり混ぜること。ここを押さえれば、ふんわり、ほろりとした焼き上がりになります。シートをはがすときは、ゆっくりていねいに。勢いよくはがすと、せっかくのフルーツがはがれてしまうという、大惨事を引き起こしかねません。

アップサイドダウンケーキ

材料（直径 15cm の丸型・1 台分）

オレンジ（ノーワックスのもの）… 小 1 〜 2 個
A グラニュー糖 … 50g
　きび砂糖（またはグラニュー糖）… 30g
卵 … 2 個
アーモンドパウダー … 50g
B バター（またはサラダ油）… 90g
　牛乳 … 大さじ 1
C 薄力粉 … 50g
　ベーキングパウダー … 小さじ 1
レモン汁 … 小さじ 2
アプリコットジャム＊ … 30g
水 … 小さじ 2

＊好みのジャムで OK

下準備

- 卵は室温にもどす。
- 型にオーブン用シートを敷く。
- 鍋に湯せん用の湯を準備する（約 50℃。鍋底に気泡が見えはじめ、湯気が出る程度）。
- Bは耐熱ボウルに入れ、湯せんにかけながら混ぜ、バターを溶かす。
- Cは合わせてふるう。
- オーブンを 170℃に予熱する。

保存 冷蔵 2 〜 3 日。

170℃ 30〜35分

❶ オレンジの皮と砂糖を混ぜる

オレンジの表皮をすりおろす。ボウルにAとともに入れ、手で均一に混ぜる。

＊オレンジの皮と砂糖を混ぜておくと、より香りよく仕上がる。

❷ オレンジを切って並べる

オレンジの上下を5mmほど切り落とし、側面の皮をそぎ切る。5mm厚さの輪切りにし、きれいな面を下にして型の底面に並べる。

❸ 卵、①などを混ぜる

ボウルに卵、①、アーモンドパウダーを入れて泡立て器でさっと混ぜる。

湯せんにかけながら混ぜ、人肌くらいまで温まったら湯せんからはずし、もったりするまで混ぜる。

＊ここでしっかりすり混ぜておくことで、生地がよくふくらみ、ふんわりとした食感に。

❹ バター、牛乳、粉類などを加える

Bを加えて泡立て器で混ぜる。続いてC、レモン汁を加え、粉けがほぼなくなるまで混ぜる。

＊粉けが完全になくならなくてもOK。混ぜすぎると食感がかたくなる。

❺ 焼く

②の型に流し入れる。170℃のオーブンで、35〜40分焼く。竹串を刺してみて生の生地がついてこなければ焼き上がり。

＊冷めてしまうと焼き上がるまで時間がかかるので、なるべく生地が温かい状態で焼きはじめる。

❻ 型からはずして冷ます

オーブン用シートを当て、さらにケーキクーラーをのせて型ごと上下を返す。型を持ち上げてはずし、上面と側面のオーブン用シートをゆっくりはがし、そのまま冷ます。

❼ 仕上げる

小鍋にジャム、水を入れてゴムべらでなじませ、中火にかける。ひと煮立ちしたら30秒ほど煮詰めて火を止め、⑥の表面にかけて広げる。

手作りピール

柑橘の香り、皮のほろ苦さと砂糖の甘さが口の中にふわり。
皮が厚めの柑橘が作りやすいと思います。
チョコがけのほか、刻んでマフィンやパウンドケーキに混ぜ込んでも。

材料（作りやすい分量）

好みの柑橘（レモン、清見オレンジなど・ノーワックスのもの）
…1～2個
グラニュー糖…適宜（ゆでこぼした皮の重量の80%）
ホワイトラム（好みで）…大さじ1
チョコレート（好みで）…適量

保存 冷蔵1～2週間。

❶ 皮の表面を削る

柑橘の表面の皮をグレーターなどで削る。

＊グレーターは主にチーズを細かくすりおろすための調理器具。おろし金で代用可能。
＊表面を削り取ることで口当たりがよくなる。
＊削った皮はラップで包んで冷凍可能。パウンドケーキやクッキー生地に混ぜて香りづけに。

❷ 実を切り離す

4～6つ割りにし、包丁で実を切り離す（皮に実が残らないように）。実は果汁をしぼっておく。

❸ 皮をゆでこぼす

鍋に皮を入れ、かぶるくらいの水を注いで、中火で煮立てる。2～3分ゆでてざるに上げ、水洗いして水けをきる。同様にあと1～2回繰り返す。

＊かじってみて、苦みが弱まってきたらOK。

❹ わたを削ぎ切る

ふやけた白いわたの部分を包丁で削ぎ切り、1cm幅に切る。重さを測り、重量の80%のグラニュー糖を用意する。

❺ 砂糖などを加えて煮る

鍋に②の果汁、かぶるくらいの水、グラニュー糖の半量を入れて中火にかける。沸騰したら弱火にし、残りのグラニュー糖、ホワイトラムを加え、汁にとろみが出てくるまで30分ほど煮る。

＊冷めるとかたくなるので、煮詰めすぎないように気をつけて。

❻ 乾燥させる

オーブン用シートを敷いたケーキクーラーに取り出して、常温で半日ほどおいて乾燥させる。好みで湯せんにかけて溶かしたチョコレートをつけて、かたまるまでおく。

今さら聞けない基本のきほん②

（ バターを室温にもどす ）

クッキーやパウンドケーキを作るときは、バターは室温にもどしておきます。
このひと手間で、食感や口溶けのよさが変わります。

やわらかさは、押してみたときにすっと指が入るくらいが目安。大きさ、季節によりますが、100gほどのバターなら、夏場は使う30分ほど前、冬場は2時間ほど前を目安に冷蔵庫から出しておきましょう。

大きなかたまりのままだと、表面は溶けているのに、中は冷たいままということも。バターをあらかじめ1～2cm角くらいに切っておくと、よりスピーディーに、ムラなく室温にもどすことができます。同じ大きさに切りそろえておけば、計量するときもスムーズです。

電子レンジを使って室温にもどすこともできます。バター100gなら、耐熱ボウルに入れ、電子レンジ弱（200～300W）で10～20秒くらいずつ2～3回、やわらかくなりすぎないように様子を見ながら加熱します。

（ ケーキをきれいに切る ）

上手に焼き上がっても、切り方を失敗するとせっかくのケーキが台無しに。
ナイフを上手に使って、慎重に切り分けましょう。

切る前にナイフを湯につけて温めておくと、切り口をきれいに切ることができます。湯温の目安は50℃くらい。水けをしっかりふいてから切りましょう。

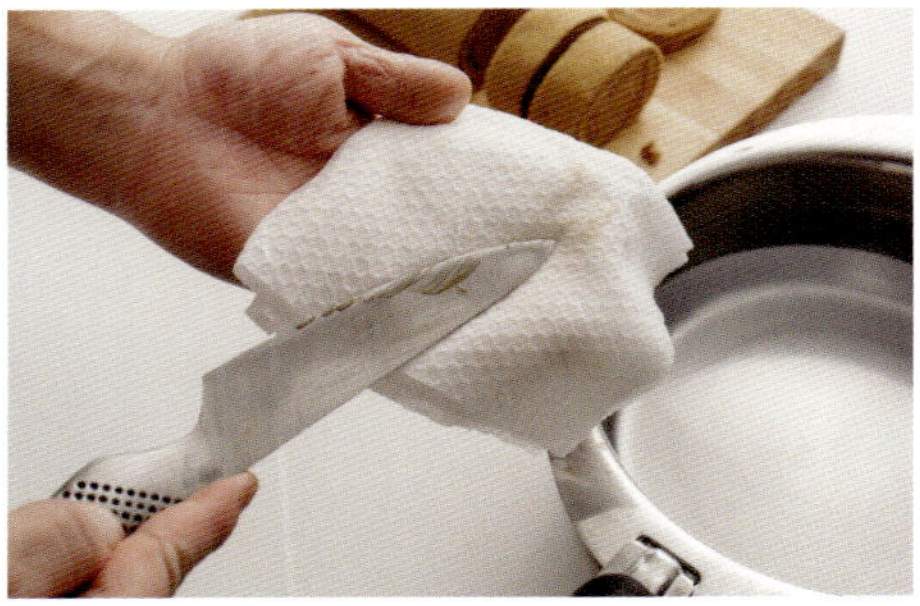

1切れ切るごとにナイフを温め直し、切ったときについたクリームや生地のかけらなどをしっかりとふいてから次の1切れを切ります。

三章

冷たいデザート

定番の杏仁豆腐やマンゴープリン、
お店みたいな抹茶ババロア、
暑い季節にうれしいアイスや
フローズンヨーグルト……。
どれもバットや家にある
グラスで作れるから
思い立ったらすぐ取りかかれます。
ひんやりなめらかな生チョコや
ムースの舌ざわりも、やみつきに。

もっちり杏仁豆腐

なめらかで弾力のあるゼラチンタイプ。

デザートとしても、おやつとしても人気の杏仁豆腐。杏仁液をかためる材料をゼラチンにするか、寒天にするかによって、食感や口溶けがまったく別ものになります。

ゼラチンタイプはもっちりした弾力となめらかな口溶けを生かすため、生クリームで軽いコクを加えました。ゆるめにかためて、スプーンですくって食べるスタイルは、ゼラチンにしかできないレシピです。

ゼラチンは80℃以上の熱々の液体で溶かさないこと。いくら冷やしても、かたまらなくなってしまうのでご注意を。

ぷるぷる杏仁豆腐

プリッとしたかたさ。後味すっきりの寒天仕立て。

ゼラチンでかためる杏仁豆腐に対し、こちらは寒天でかためるタイプ。寒天の特徴は、プリッとしたかたさです。バットなどで板状にかためて、それをさいの目に切ってフルーツと一緒にシロップの中に浮かべていただきます。弾力はなく、口に入れるとほろほろとくずれ、さっと溶けて消えます。そのため後味はすっきり。ゼラチンにはないさっぱりした食べ心地です。

寒天は水で溶かして煮立てたら、1分は加熱すること。混ぜて見えなくなっても、完全には溶けていません。これが寒天デザートのルールです。

もっちり杏仁豆腐

材料（容量約150mℓのグラス・4個分）

牛乳…300mℓ

A グラニュー糖…50g

杏仁霜[*1]…20g

B 水…大さじ1

粉ゼラチン…5g

生クリーム（脂肪分35%）…100mℓ

［シロップ］

水…150mℓ

グラニュー糖…30g

あんずのお酒[*2]…大さじ1

くこの実（あれば）…12～16粒

＊1 あんずの種の中の核を粉末にし、コーンスターチ、砂糖などを加えたもの。
＊2 アプリコットブランデーを使用。杏露酒などでもOK。アルコールが苦手ならパイナップルジュース、アップルジュースでも。

下準備

- Bの粉ゼラチンは分量の水にふり入れ、1～2分おいてふやかす。
- ボウルにシロップの水、グラニュー糖を入れて混ぜ、溶けたらあんずのお酒、くこの実を加えて冷蔵庫で冷やす。

保存 冷蔵2～3日。

❶ 砂糖、杏仁霜を混ぜる

小鍋にAを入れてゴムべらで混ぜる。

＊Aを先によく混ぜておくことで、杏仁霜がだまになるのを防ぐ。

❷ 牛乳を加えて煮立てる

牛乳を少量加えて混ぜる。なじんだら残りの牛乳を加えてさらに混ぜ、中火にかける。泡立て器で混ぜながら、ふつふつしてきたら火からおろす。

❸ ゼラチンを溶かす

30秒ほどおいてからBをちぎって加え、ゴムべらで混ぜて溶かし、ざるなどでこす。

＊温度が高すぎるとゼラチンがかたまりにくくなるので、ひと呼吸おいて軽く冷ましてから、ゼラチンを加える。

❹ 生クリームを加えて冷やしかためる

生クリームを加えて氷水に当て、とろみがつくまでゴムべらで混ぜる。グラスに流し入れ、冷蔵庫で2時間以上冷やしかためる。シロップをかける。

ぷるぷる杏仁豆腐

材料（20×16cm×高さ3cmのバット・1台分）

牛乳 … 350mℓ

練乳（またはグラニュー糖）… 大さじ1

A グラニュー糖 … 50g

　杏仁霜 … 20g

　粉寒天 … 4g

水 … 150mℓ

［シロップ］

　水 … 300mℓ

　グラニュー糖 … 大さじ2

　ライチリキュール* … 大さじ1

好みのフルーツ

（カットパイン、さくらんぼ（缶詰）など）

… 適量

＊ディタを使用。アマレットなどでもOK。アルコールが苦手ならパイナップルジュース、アップルジュースでも。

下準備

- ボウルにAを入れて泡立て器で混ぜる。
- シロップの材料を混ぜ、冷蔵庫で冷やす。

保存　冷蔵2～3日。

❶ 牛乳、練乳を温める

小鍋に牛乳、練乳を入れて中火にかけ、ふつふつしてきたら耐熱ボウルに移す。

＊温めておくことで、寒天がなめらかにかたまる。

❷ 砂糖、杏仁霜、寒天を煮る

①の鍋をさっと洗い、Aを入れ、水を少しずつ加えて泡立て器で混ぜる。中火にかけ、ゴムべらで混ぜながら沸騰したら弱火にし、1分ほど煮て、火からおろす。

❸ 牛乳液を加えてこす

①を加えてゴムべらで混ぜ、ざるなどでこす。

❹ 粗熱を取って冷やす

バットに流し入れ、粗熱が取れてかたまったら、冷蔵庫で2時間以上冷やす。

❺ 仕上げる

包丁で食べやすい大きさのひし形になるように切る。好みのフルーツとともに器に盛り、シロップをかける。

マンゴープリン

冷凍のマンゴーを使う簡単デザート。こしてなめらかに。

マンゴー独特のねっとりした甘さと食感をそのまま生かして仕立てたプリン。ゼラチンでかためるだけなのでわりと簡単です。南国系の酵素が強いフルーツは、ゼラチンではかためられないといわれています。マンゴーも同様。そのため、フレッシュなマンゴーではなく、酵素がやわらいでいる冷凍品やピュレを使うことをおすすめします。

ポイントは、必ずプリン液をこすこと。マンゴーは品種により繊維がかたいものがあり、そのままだとざらざら口に残るのです。ひと手間ですがとても大切な工程です。

材料（容量約100mℓのプリン型・4個分）

冷凍マンゴー（マンゴーピュレでもOK）… 200g
グラニュー糖 … 大さじ2
水 … 100mℓ
生クリーム … 100mℓ
レモン汁 … 小さじ1/2
A 水 … 大さじ1
　粉ゼラチン … 5g
［マンゴーソース］
　冷凍マンゴー … 30g
　グラニュー糖 … 15g
　ココナッツリキュール* … 小さじ1
　レモン汁 … 小さじ1/2
　水 … 大さじ1

*マリブを使用。アルコールが苦手なら水でもOK。

下準備

- マンゴーはいずれも冷蔵庫で自然解凍する。ソースのマンゴーは大きければ1cm大に切る。
- Aの粉ゼラチンは分量の水にふり入れて1〜2分おいてふやかす。

保存　冷蔵2〜3日。

❶ マンゴーをピュレにする

マンゴー200gをハンドブレンダーなどでなめらかにする。50gを取り分けてボウルに入れ、マンゴーソースの材料と混ぜて冷蔵庫で冷やす。残りは鍋に入れる。

❷ 砂糖を加えて温める

①の鍋にグラニュー糖を加えてゴムべらで混ぜる。混ぜながら中火にかけ、ふつふつしてきたら火からおろす。

＊香りやフレッシュ感を残したいので、沸騰させないこと。グラニュー糖が溶けて、湯気が出てくればOK。

❸ ゼラチンなどを加える

30秒ほどおいてからAをちぎって加え、ゴムべらで混ぜて溶かす。目の粗いざるなどでこし、水、生クリーム、レモン汁を加えてそのつど混ぜる。

＊ゼラチンがかたまりにくくなるので、プリン液を軽く冷ましてから、ゼラチンを加える。

❹ 冷やしかためる

ボウルを氷水に当て、とろみがつくまでゴムべらで混ぜる。型に流し入れ、冷蔵庫で2時間以上冷やしかためる。

❺ 型からはずす

ぬるま湯（約50℃）を準備する。④の型を15〜20秒ほどつけてからまわりの水けをふき、皿にひっくり返してのせ、皿ごと押さえながら上下に数回ふって型をはずす。①のソースをかける。

ミルクティープリン

お湯でしっかり煮出し、紅茶本来の味わいを引き出す。

ぼくは無類の紅茶好き。どちらかといえば、コーヒーゼリーより紅茶ゼリーが食べたい派なのです。でも紅茶ゼリーってあまり見かけないと思いませんか。それもそのはず、紅茶をゼラチンでかためるのは実はかなり難しい。茶葉に含まれるタンニンがゼラチンの力《ちから》を弱めるのです。

それならばと考えたのが、ミルクティーにしてかためる方法。これなら、タンニンの力《ちから》も弱まって簡単にかためられます。華やかな香りが好みなら、アールグレイなどのフレーバーティーを。紅茶の味が強いものが好みなら、ディンブラやニルギリ、アッサムなどの茶葉がおすすめです。

材料（容量約70mℓのゼリー型・4～5個分）

牛乳…250mℓ
グラニュー糖…30g
生クリーム（または牛乳）…50mℓ
A 水…大さじ1
　粉ゼラチン…5g
B 紅茶葉…4g（ティーバッグ2袋分）
　水…50mℓ

下準備

- Aの粉ゼラチンは分量の水にふり入れ、1～2分おいてふやかす。

保存　冷蔵2～3日。

❶ 紅茶を煮出す

鍋にBを入れて中火にかけ、沸騰したら火を止め、ふたをして3分ほど蒸らす。

❷ 牛乳、砂糖を加えて煮る

牛乳、グラニュー糖を加え、再び中火にかける。沸騰したら弱火にし、3分ほど煮て火からおろす。

❸ 生クリーム、ゼラチンを混ぜてこす

生クリーム、Aをちぎって加え、ゴムべらで混ぜて溶かす。ざるなどでこす。

❹ 冷やしかためる

ボウルを氷水に当て、とろみがつくまでゴムべらで混ぜる。

型を水でさっとぬらしてから等分に流し入れ、冷蔵庫で3時間以上冷やしかためる。

＊型をぬらしておくことで、きれいにはずせる。

❺ 型からはずす

ぬるま湯（約50℃）を準備する。④の型を15～20秒ほどつけてからまわりの水けをふき、皿にひっくり返してのせ、皿ごと押さえながら上下に数回ふって型をはずす。

抹茶ババロア

アイスを使って
カスタードの
コクを手軽にプラス。

洋菓子の定義や歴史をひもとくと、日本で進化したレシピが多くあることに気づきます。これもそう。まぎらわしいのでババロアと呼んでしまうけれど、本当はムースに分類されるお菓子です。とはいえ、本来のババロアに近づけるためにぼく流のひと工夫。アイスクリームでカスタードのコクを手軽に加えました。アイスは好みのものでいいのですが、少しカスタードの風味が強いものがおすすめです。

　抹茶は砂糖と混ぜてだまをつぶし、熱々の湯で一度溶いてから使ってください。このふたつの手間で香りや色、味が強く出てきます。

材料（15×15×高さ15cmの流しかん・1台分）

A 抹茶 … 15g
　グラニュー糖 … 80g
B 水 … 大さじ2
　粉ゼラチン … 10g
生クリーム … 200mℓ
水 … 50mℓ
バニラアイスクリーム（または牛乳）… 80g
牛乳 … 100mℓ

下準備

- ボウルにAを入れ、泡立て器でよく混ぜる。
- Bの粉ゼラチンは分量の水にふり入れ、1〜2分おいてふやかす。

保存　冷蔵2〜3日。

❶ 生クリームを泡立てる

別のボウルに生クリームを入れ、氷水に当てながら六分立て（すくうと筋がすぐ消えるくらい）にし、冷蔵庫に入れる。

❷ 抹茶液を作り、ゼラチンを溶かす

鍋に水を入れて中火にかけ、沸騰したら火を止め、Aを加えて泡立て器でよく混ぜる。Bをちぎって加え、混ぜて溶かす。

＊抹茶は湯で溶いておくと、香りと風味が際立つ。

❸ アイスクリーム、牛乳を加える

アイスクリームを加えて泡立て器で溶かし、牛乳を加えて混ぜる。氷水に当て、とろみがつくまでゴムべらで混ぜる。

❹ 生クリームと混ぜる

①の生クリームに加え、泡立て器で手早く混ぜる。

❺ 冷やしかためる

水でさっとぬらした流しかんに入れ、底を台にトントンと軽く打ちつけ、大きな気泡を除く。冷蔵庫で2時間以上冷やしかためる。

❻ 切る

4辺に包丁を入れて取り出し、食べやすく切って器に盛る。抹茶少々（分量外）をふる。

白ごまのブランマンジェ

ごまの濃厚なコクが広がる、和デザート。

ブランマンジェはフランス語で「白い食べもの」という意味のミルクデザート。ぼくが19歳で上京したころ、当時、人気店だったパティスリーの看板商品で、和素材のごまとフランス菓子のコラボレーションのあまりのおいしさにショックを受けたのを今でもはっきり覚えています。

生クリームを使っていないのに、練りごまの濃厚な味わいで、コクのあるデザートになります。ただ、練りごまはよく混ぜないと牛乳の中で沈澱してしまい、2層のゼリーになってしまいます。ゼラチンのとろみが出てくるまでしっかり冷やしてから、型に流し入れてくださいね。

❶ 練りごま、牛乳、砂糖類を温める

鍋に白練りごまと牛乳の半量を少しずつ加えて泡立て器で溶き、グラニュー糖、練乳を加えて混ぜる。中火にかけ、ふつふつしてきたら火からおろす。

❷ ゼラチン、残りの牛乳を加える

30秒ほどおいてからAをちぎって加え、ゴムべらで混ぜて溶かす。残りの牛乳を加えてゆっくり混ぜる。

＊温度が高すぎるとゼラチンがかたまりにくくなるので、ひと呼吸おいて軽く冷ましてから、ゼラチンを加える。

❸ 冷やしかためる

ざるなどでこし、ボウルを氷水に当て、とろみがつくまでゴムべらで混ぜる。グラスに注ぎ入れ、冷蔵庫で2時間以上冷やしかためる。きな粉ソースをかけていただく。

材料（容量約100mℓのグラス・4個分）

白練りごま … 25g
牛乳 … 300mℓ
グラニュー糖 … 大さじ3
練乳（またはグラニュー糖）… 大さじ1
A 水 … 大さじ1
　粉ゼラチン … 5g
［きな粉ソース］
　きな粉 … 10g
　グラニュー糖 … 大さじ2
　牛乳 … 40mℓ

下準備

- Aの粉ゼラチンは分量の水にふり入れ、1～2分おいてふやかす。
- ボウルにきな粉ソースの材料を入れて混ぜ、冷蔵庫で冷やす。

保存 冷蔵2～3日。

ムースオ ショコラ

チョコレートの味をダイレクトに味わうシンプルレシピ。

ケーキ屋さんにはなく、レストランでしか出てこないデザートムースです。なぜかというと、加熱しないから新鮮な卵でしか作れず、日持ちもしないので、でき立てを食べるしかないのです。溶かしたチョコレートにメレンゲを混ぜて冷やし、チョコレートが冷えてかたまる性質を利用した、シンプルイズベストなレシピは、手作りにもってこいのデザートです。

ゼラチンを使わないので、口に入れた瞬間に、シュワシュワとチョコレートの泡が消えてとろけて、味が強くダイレクトに味わえるのが魅力のひと皿。カカオの含有量が多いチョコレートを使うと、より濃厚な味わいになります。

材料（20×16×高さ3cmのバット・1台分）

チョコレート*…70g
生クリーム…30g（または牛乳25g）
卵…2個
洋酒（好みで・ウイスキー、ブランデーなど）…小さじ1
グラニュー糖…大さじ1強

＊チョコレートは製菓用でも市販の板チョコでもOK。
製菓用の方がカカオの風味が強くなる。

下準備

- 鍋に湯せん用の湯を準備する（約50℃。鍋底に気泡が見えはじめ、湯気が出る程度）。
- 卵は卵黄と卵白に分ける。

保存　作った当日中。

❶ チョコレート、生クリーム、卵などを混ぜる

ボウルにチョコレートと生クリームを入れて湯せんにかけ、ゴムべらで混ぜながら溶かす。

湯せんからはずし、卵黄、洋酒を加えて混ぜる。

❷ 卵白を泡立てる

別のボウルに卵白、グラニュー糖を入れて、ハンドミキサーの高速で角が軽くおじぎするくらいまでかために泡立てる。

❸ ①と②を混ぜる

①のボウルに②のメレンゲをひとすくい加え、泡立て器で混ぜる。

なじんだら残りのメレンゲを加え、泡をつぶさないようにさっくりと混ぜる。

❹ 冷やす

バットに流し入れ、冷蔵庫で2時間以上冷やす。

＊バットをゆすってみて、ムースがゆれなくなるまで冷やす。

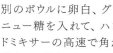

生チョコレート

バターで口溶け軽く
洋酒で後味すっきり。
大人の生チョコ。

チョコレートに生クリームを混ぜた、人気のやわらかチョコレート。バレンタインデーの手作りチョコレシピの中では、作りやすさナンバー1だと思います。

でも以前は生チョコがあまり好きではありませんでした。これまでのレシピでは、半生のやわらかさのわりには、口溶けが遅くまったりとしていて、甘さがずっと続くため、少しくどい気がしていたのです。というわけで、かたさはそのままに、バターを加えて口溶けを軽くし、洋酒を少し効かせて後味を工夫しました。そうそう、これ、これ。ちょっと大人味の生チョコ、いかがですか。

材料（15 × 15cm ×高さ 5cm の角型・各 1 台分）

［ブラック］

チョコレート（製菓用）… 200g
生クリーム … 100g
バター … 15g
ブランデー … 5mℓ
ココアパウダー … 適量

［ホワイト］

ホワイトチョコレート（製菓用）… 220g
生クリーム … 70mℓ
バター … 10g
コアントロー … 5mℓ
粉砂糖 … 適量

＊作り方はブラック、ホワイト共通。
作り方の（　）内はホワイトの場合。

下準備

- バターは室温にもどす。
- 型にオーブン用シートを敷く。
- 鍋に湯せん用の湯を準備する（約 50℃。鍋底に気泡が見えはじめ、湯気が出る程度）。

保存　冷蔵 1 週間。

❶ チョコレートを溶かす

ボウルにチョコレート（ホワイトチョコレート）、生クリームを入れて湯せんにかけ、ゴムべらでゆっくり混ぜながら溶かす。湯せんをはずしてよく混ぜる。

❷ バター、ブランデーを加える

バターを加えて混ぜる。ブランデー（コアントロー）を加えてさらに混ぜる。

＊バターを加えることで、口溶けがなめらかになる。

❸ 冷やしかためる

型に流し入れ、台にトントンと打ちつけ、大きな気泡を除く。粗熱が取れたら、冷蔵庫で 2 時間以上冷やしかためる。

❹ ココアパウダーをまぶす

シートごと台に取り出し、茶こしでココアパウダー（粉砂糖）をふる。湯で温め、水けをふいた包丁で、3cm 四方に切る。

ココアパウダー（粉砂糖）をふったバットに移し、さらにココアパウダー（粉砂糖）をふって全体にまぶす。

ミルクアイスクリーム

途中で混ぜなくても
ふわふわ、
なめらか食感。

なにげなく買って食べているアイスクリーム。実は家で同じものを作ろうとするとすごく大変なのです。家で作るときはラクチンレシピで味はそれなり、とあきらめていました。

でも、ふと思いついたのです。突破口となったのは、撮影でたくさん作りすぎたババロア！冷凍庫に押し込んだババロアを凍ったまま食べてみたら、ふわふわ感と口溶けがアイスクリームと似ているのに気づき、新しいレシピが生まれました。軽く泡立てた生クリームの気泡がふわふわ感を演出し、ゼラチンがまろやかな口溶けを生み出しています。

ミルクアイスクリーム

材料（20×16cm×高さ3cmのバット・1台分）

生クリーム…200mℓ
牛乳…120mℓ
グラニュー糖…80g
バニラエッセンス…1〜2滴
A 水…小さじ2
　粉ゼラチン…2g

下準備

- Aの粉ゼラチンは分量の水にふり入れ、1〜2分おいてふやかす。

保存　冷凍約2週間。

❶ 生クリームを泡立てる

ボウルに生クリームを入れて氷水に当て、泡立て器でゆるいとろみがつくまで泡立てる。

❷ 牛乳に砂糖などを加えて温める

鍋に牛乳、グラニュー糖、バニラエッセンスを入れてゴムべらで混ぜる。中火にかけ、ふつふつしてきたら、火からおろす。

❸ ゼラチンを溶かす

30秒ほどおいてからAをちぎって加え、ゴムべらで混ぜて溶かす。

＊温度が高すぎるとゼラチンがかたまりにくくなるので、ひと呼吸おいて軽く冷ましてから、ゼラチンを加える。

❹ とろみをつける

氷水に当て、とろみがつくまでゴムべらで混ぜる。

❺ 生クリームに加える

①のボウルに加え、泡立て器で混ぜる。

＊ゼラチンがかたまらないうちに手早く混ぜる。

❻ 凍らせる

バットに流し入れ、冷凍庫で5時間以上凍らせる。スプーンなどですくって器に盛る。

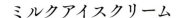

Arrange ／ アイス3種

ミルクアイスクリームにプラスするだけのアレンジアイデア。
楽しさが倍増します。

［ジャムマーブルアイス］

作り方❻でバットに流し入れたあと、好みのジャム（いちご、ブルーベリーなど）大さじ2を表面に散らし、さっと2回ほど混ぜて凍らせる。

［クッキー＆クリームアイス］

作り方❻でバットに流し入れたあと、粗く割ったココアサンドクッキー（オレオなど）5枚分を散らし、凍らせる。

［しっとり焼きいもアイス］

焼きいも70gは皮をむいてボウルに入れ、好みでラム酒小さじ2を加えてフォークでペースト状につぶす。作り方❷で加え、同様に作る。

手作りお菓子で作る サンデー

この本に登場するお菓子に、季節のフルーツや
ホイップクリームを組み合わせて作る、2種のサンデー。
おいしさと楽しさをぎゅっと詰め込んだ、至福のデザートです。

【 いちごサンデー 】

ミルクアイスクリーム（P102）／ジャムマーブルアイス（P105）
ミルクティープリン（P92）
手作りピール（P82）
いちご／ホイップクリーム／チョコレート／ミント

【和風サンデー】

しっとり焼きいもアイス（P105）／抹茶ババロア（P94）
手作りあんこ（P60）／ごまみつ白玉（P56）
きな粉ソース（P96・白ごまのブランマンジェ）
ホイップクリーム／バナナ／きな粉

フルーツ
アイスキャンディー

白ワインが香る大人味。フルーツはお好みで。

小さいころ、銭湯の帰りに両親がよくアイスキャンディーを買ってくれました。そんななつかしい思い出もあって、今でもバー状のアイスが大好きです。

大人になってからは、白ワインを効かせたシロップに旬のフルーツを入れて凍らせては、冷凍庫にストック。お風呂上がりにかじっています。そんなぼくのリラックスタイムのお供となるレシピを紹介します。

シロップはフルーツジュースでもいいし、ハーブを効かせてもおいしい。コクがほしいときは、牛乳を混ぜてもまた違ったおいしさが楽しめます。

アイスキャンディーにおすすめのフルーツ

キウイフルーツ、ブルーベリーのほか、オレンジ、グレープフルーツ、いちご、黄桃（缶詰）、パイナップルなどでもおいしく作れます。

材料（約10×5×厚さ2.5cmのアイスキャンディー型・6個分）

水…250mℓ
A グラニュー糖…60g
　はちみつ…大さじ1
　白ワイン…小さじ2
レモン汁…30mℓ
キウイフルーツ…小2個
ブルーベリー…18〜24粒

保存　冷凍約2週間。

❶ 水の半量とAを混ぜる

鍋に水の半量とAを入れて、泡立て器でさっと混ぜ、中火にかける。混ぜながらグラニュー糖を溶かし、火からおろす。

❷ 残りの水、レモン汁を加える

残りの水、レモン汁を加えて混ぜ、冷ます。

＊水の半量をあとで加えることで、冷ます時間を短縮する。

❸ フルーツを切る

キウイは12等分の薄切りにする。

＊型の厚みに合わせて角切りにしてもOK。

❹ 型に入れる

型にキウイ、ブルーベリーを等分に入れ、②の液を型の8〜9分目くらいまで注ぎ入れる。

＊キウイは型の側面に沿わせるように入れると、きれいに透けて見える。
＊アイスキャンディー型がなければ、製氷皿などで作ってもOK。

❺ 凍らせる

ふたをして持ち手の棒を差し込み、冷凍庫で5時間以上凍らせる。

＊取り出すときは、室温に1分ほどおき、棒をしっかり持って引っぱって抜く。

フローズンヨーグルト

ヨーグルトとハーブの相性を体験してほしい。

製氷皿でピシッと凍らせて、食べたいときに冷凍庫からつまんで口に放り込める、シャリシャリッとしたさっぱり味のフローズンヨーグルトです。ただ甘いヨーグルトを凍らせただけでは、白くてかたい氷の塊ができてしまうだけで、こうはなりませんのでご注意を。まずはレシピ通りに作ってみてほしいです。

フローズンヨーグルトには、思いのほか香りの強いハーブが好相性。すっきりとした香りと冷たさで、体の熱がすーっと引いていきます。もちろん、フルーツを加えて凍らせてもおいしいですよ。

❶ 生クリームを泡立てる

ボウルに生クリームを入れて氷水に当て、泡立て器でとろみがつくまで泡立てる。

❷ ヨーグルトなどを加える

氷水からはずし、ヨーグルト、グラニュー糖、はちみつ、ローズマリーを加え、泡立て器でよく混ぜる。

❸ ゼラチンを加える

Aを電子レンジで15～20秒加熱して溶かし、②に加えて手早く混ぜる。

＊ゼラチンは沸騰させてしまうと口溶けが悪くなるので、気をつけて。

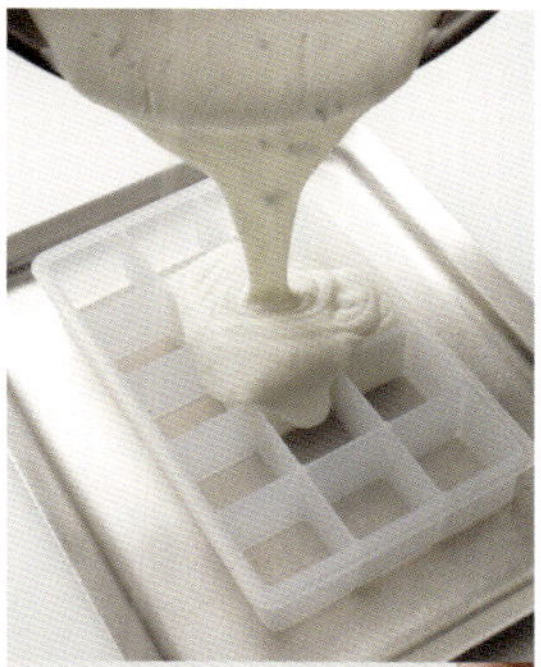

❹ 凍らせる

製氷皿に流し入れ、パレットナイフなどで表面を平らにならし、冷凍庫で5時間以上凍らせる。

＊ゼリー型や小さな焼き菓子の型で凍らせるのもおすすめ。バットに流し入れて凍らせ、食べやすく切っても。

材料（約18×11×厚さ3cmの製氷皿・1枚分）

生クリーム … 100mℓ
プレーンヨーグルト … 250g
グラニュー糖 … 大さじ2
はちみつ（またはグラニュー糖）… 大さじ2
A 水 … 小さじ2
　粉ゼラチン … 2g
ローズマリー（生）… 1枚

下準備

- Aの粉ゼラチンは分量の水にふり入れ、1～2分おいてふやかす。
- ローズマリーは葉を摘み、みじん切りにする。

保存 冷凍約2週間。

フローズンヨーグルトにおすすめのハーブ・スパイス

ローズマリーのほか、ミントの葉（10枚）、レモンバームの葉（3枚）、青じそ（1枚）や、シナモン、カルダモン、コリアンダー（それぞれパウダー・各小さじ1）でもおいしく作れます。

シロップ２種

ほっと落ち着くドリンクの素。炭酸水や冷水、熱湯、紅茶などで割ってどうぞ。
ハーブシロップはミントとレモングラスをベースに。レモンバームの代わりに
ラベンダーやカモミール、ローズマリーなどをプラスしてもおいしく作れます。
ジンジャーシロップは、最後にウイスキーを小さじ２ほど加えるのもおすすめです。

ジンジャーシロップ

材料（でき上がり約300mℓ）

しょうが…150g

きび砂糖…150g

A カルダモン（ホール）…2粒

　シナモンスティック…1/3本

　赤唐辛子…小1本

水…250mℓ

レモン（ノーワックスのもの）…1/2個

保存　冷蔵約1か月。

❶ しょうがは皮をむき、2mm厚さに切って鍋に入れる。きび砂糖、Aを加えて混ぜ、1時間ほどおいてきび砂糖をなじませる。

❷ 水を加えて混ぜ、中火にかける。沸騰したらアクを取り、レモンを絞って加える。レモンの皮も加えて再び沸騰したら、弱めの中火で2～3分煮て、皮を取り出す。

❸ ふつふつとした状態を保ちながら20～25分煮る。

❹ 熱いうちにざるなどでこす。粗熱が取れたら清潔な保存びんに移す。

フレッシュハーブシロップ

材料（でき上がり約300mℓ）

水…300mℓ

ミント、レモングラス、レモンバームなど*

　…合わせて50g

グラニュー糖…220g

ホワイトラム（好みで）…小さじ2

*それぞれ生のもの。ハーブティーのティーバッグ3袋分でもOK。

保存　冷蔵約1か月。

❶ 鍋に分量の水を入れて沸騰させ、ハーブを加える。火からおろし、ふたをして10～12分蒸らす。

❷ ざるなどでこし、煮汁は鍋に戻し入れる。ハーブは1/3量ほどとっておく。

❸ グラニュー糖、ホワイトラムを加えて再び中火にかけ、グラニュー糖を溶かす。

❹ ②でとりおいたハーブを戻し入れて粗熱を取り、清潔な保存びんなどに移す。

今さら聞けない基本のきほん③

（材料の置きかえと分量の変更について）

よく「材料や分量を変更してもよいか」と聞かれることがありますが、
紹介しているレシピはベストと思える配合なので、まずはレシピ通りに作ってほしいです。
アレンジは、材料の特性を理解したうえで、少しずつ試してみてください。

［砂糖の分量］

砂糖を減らしたいという声はよく聞くのですが、砂糖にはさまざまな調理特性があり、甘みをつけるだけでなく、しっとり感を出したり、おいしそうな焼き色をつけたりするのにも関わっています。お菓子を手作りすると、使う砂糖の分量に驚く方も少なくありませんが、味わい、食感、仕上がりのバランスを考えて、甘みの強すぎないレシピを紹介していますので、できればそのままのレシピで作ってみてもらえるとうれしいです。どうしても甘みを減らしたいときでも、2割減くらいまでにとどめてください。

［薄力粉と米粉］

最近よく見かけるようになった米粉。薄力粉と同じように焼き菓子やパン作りなどによく使われますが、実は米粉は、米の種類や製法などによって吸水率、吸油率が大きく異なり、薄力粉にそのまま置きかえて使うことはおすすめしていません。米粉を使いたいときは、米粉専用のレシピを参考にし、米粉の種類を確認してから作ることをおすすめします。

［米油とバター］

米油でもバターでもおいしいケーキやクッキーは作れますが、油は液体、バターは個体で、それぞれに特性があるだけでなく、香りや風味も大きく異なるため、同じレシピで同様に置きかえることは難しいと思います。バターを溶かすことで米油にかえることはできますが、こげやすくなるなど、焼き上がりが同じというわけにはいきません。反対に溶かしバターを米油に置きかえると、油っぽさがで出てしまう可能性があります。

［砂糖の種類］

砂糖は主に上白糖、グラニュー糖、きび砂糖をお菓子によって使い分けています。上白糖はしっとりとしていて大抵のものに使えます。グラニュー糖はさらさらとしてすっきりした甘さ、きび砂糖はサトウキビの風味を生かしたコクのある甘さが特徴です。同じ分量で置きかえることができますが、きび砂糖を使うと、でき上がりの色がやや褐色になります。また上白糖はこげやすい性質があるので、焼き上がりが変わる可能性があり、注意が必要です。

［ゼラチンと寒天］

ゼラチンは動物性のタンパク質であるコラーゲンが主成分です。やわらかで口溶けがよく、つるんとした食感が特徴。溶かすときに沸騰させてしまうとかたまりにくくなります。また常温ではかたまらず、一度冷やしかためても、温度が上がると溶ける性質があります。対して寒天はテングサなどの海藻類を煮出して作られます。なめらかで歯切れがいいのが特徴です。こちらは溶かすときにしっかり煮溶かさないとかたまりません。凝固温度が高く、常温でもかたまります。このふたつもそのまま置きかえて作ることはできません。

［牛乳と豆乳］

豆乳は大豆そのままの味の無調整豆乳と、砂糖や香料などを足して飲みやすくした調製豆乳があります。お菓子作りにはどちらを使ってもＯＫです。牛乳と豆乳はでき上がりの食感や風味に違いは出ますが、置きかえて作ることが可能です。牛乳は低脂肪乳も使えます。

四章

作ってみたい あこがれのお菓子

フルーツロールやタルトタタン、
クリスマスには欠かせない
シュトーレンなど、
一度は作ってみたいあこがれのお菓子。
ちょっぴり難しそうだけれど、
プロセスをひとつひとつ
ていねいに追っていけば、
きちんと完成するように、
考え抜いたレシピになっています。
お菓子作りに慣れてきたら
ぜひチャレンジしてみてください。

フルーツロール

思いきって、一気にぐるっと巻くのがコツ。

ロールケーキは、慣れてしまえば、ショートケーキより、はるかに簡単。

クリームはホワイトチョコを混ぜてミルキーな味わいに。形もキープしやすくなります。

ポイントは、生地のメレンゲをかたくしすぎないこと。スポンジがひび割れて巻けなくなってしまいます。もうひとつは、クリームの量。「少ない？」と思うくらいがベストです。増量すると、巻いたときにあちこちからはみ出て大惨事になります。それから、「なんと無責任な！」と叱られそうですが、巻くときは気合いで一気に！　恐る恐る巻くとこれもやはり具がはみ出てきてしまいます。ファイト！

フルーツロール

材料

(長さ約 28cm〈30 × 40cm の天板使用〉・1 本分)
*〈　〉内は、長さ約 25cm〈25 〜 28cm 四方の天板使用〉・1 本分

卵 … 4 個〈3 個〉
グラニュー糖 … 80g〈60g〉
薄力粉 … 60g〈45g〉
A バター(食塩不使用) … 30g〈20g〉
　牛乳、米油 … 各小さじ 2〈各小さじ 1 と 1/2〉
好みのフルーツ* … 合わせて 250g〈190g〉
*いちご、バナナ、キウイ、マンゴー(冷凍)、カットパイン など

[ホワイトチョコクリーム]
　生クリーム … 200mℓ〈150mℓ〉
　ホワイトチョコレート … 30g〈20g〉

下準備

- 卵は卵黄、卵白に分け、それぞれボウルに入れる。
- 薄力粉はふるう。
- 天板にオーブン用シートを敷く。
- オーブンを 200℃に予熱する。
- 小鍋に A を入れて弱火にかけ、バターを溶かす。

保存　冷蔵 2 〜 3 日。

200℃　10〜12分

❶ 卵黄とグラニュー糖を混ぜる

卵黄のボウルにグラニュー糖大さじ 2〈大さじ 1 と 1/2〉を入れて泡立て器ですり混ぜ、白くもったりしてくるまで泡立てる。

*卵黄をしっかり泡立てておくことで、メレンゲと混ぜたときに気泡がつぶれにくくなり、ふんわりとした焼き上がりになる。

❷ 卵白を泡立てる

卵白のボウルに残りのグラニュー糖を加え、氷水に当て、ハンドミキサーの低速で混ぜる。

高速に切り替えて、すくったときにすぐに落ちてつもり、筋が消えないくらいまで泡立てる。

低速でひと混ぜしてキメを整える。

*ここで角が立つまで泡立ててしまうと、生地の焼き上がりがかたくなり、巻きにくくなるので気をつけて。

❸ 卵黄を加える

①の卵黄を加え、泡立て器で底からすくうように均一に混ぜる。

❹ 粉を加える

薄力粉を加え、ゴムべらで粉けがなくなるまで、底から大きく返すように混ぜる。

❺ Aに少量加えて混ぜる

④をAの鍋にひとすくい加えてゴムべらででよく混ぜる。

❻ Aを生地に加えて混ぜる

⑤をボウルにすべて入れ、均一に混ぜる。

＊卵の気泡は油脂に弱いので、油脂に生地の一部をなじませてから入れることで、気泡がつぶれにくくなる。

さらに40～50回、生地につやが出るまで底から大きく返すように混ぜる。

❼ 天板に流し入れる

天板に流し入れ、カードで表面を平らに整える。

＊少し高めの位置から1か所に流し入れると余計な気泡が入らない。
＊天板の角のあたりの厚さが均一になりにくいので、厚さを揃えるようにならす。

10cmほどの高さから落として大きな気泡を除く。

❽ 焼く

200℃のオーブンで10～12分焼く。オーブン用シートごとケーキクーラーに取り出して冷ます。

＊四辺にしわができるのが焼き上がりの目安に。

❾ フルーツを準備する

直径3cm以上のものは厚さを半分に切る。冷凍フルーツは解凍する。缶詰の果物は汁けをきる。キッチンペーパーを敷いたバットに並べ、余分な汁けを取る。

❿ チョコレートを溶かす

ホワイトチョコレートを粗く刻んでボウルに入れる。小鍋に生クリームの半量を入れ、中火で沸騰直前まで温める。ボウルに加えて泡立て器で混ぜてチョコレートを溶かす。

＊ホワイトチョコレートを加えてクリームのかたさを補い、切ってもケーキがつぶれないようにする。

⓫ 生クリームを加えて泡立てる

氷水に当て、残りの生クリームを加えて手早く混ぜ、冷やす。ハンドミキサーの高速で、八分立て（もったりとして筋が描けるくらい）にし、氷水からはずす。

＊巻いたときに流れ出さないように、ここでしっかり泡立てておく。

⓬ 生地に切り込みを入れる

生地よりひとまわり大きめのオーブン用シートを敷いて生地を返してのせ、シートをはがす。

生地よりひとまわり大きめのオーブン用シートを敷いた台に、焼き色のついた面が上になるようにシートごと返してのせる。写真のように2cm間隔の浅い切り込みを入れる。

短辺の端（巻き終わり）を斜めに切り落とす。

⓭ クリームを塗る

巻き終わりを向こう側にして置き、⑪のクリームを塗り広げる。

＊手前を厚め、奥をごく薄くするとよい。

⓮ フルーツを並べる

一番大きなフルーツ（中心にしたいもの）を手前の端から5cmほどのところに横に並べる。3〜4cm間隔で残りのフルーツを並べる。

＊大きいものから小さいものの順で並べると巻きやすい。

⓯ 巻く

下に敷いたオーブン用シートを持ち上げて手前の生地を起こし、1列目のフルーツの上部を巻き込み、グッと押さえる。そこを芯にして、奥に向かって一気に巻く。

＊クリームやフルーツがずれてはみ出さないように、一気に巻き上げる。

⓰ 形を整える

上側のオーブン用シートの上から定規や菜箸をおいて押さえ、下側のシートを手前に引くようにして、生地を軽く締める。

＊締めることで形が整い、生地とクリームのすき間も埋まる。

⓱ 休ませる

オーブン用シートごとラップで包み、巻き終わりを下にして、冷蔵庫で2〜3時間休ませる。

モカロール

モカロール

材料

(長さ約25cm〈28×40cmの天板使用〉・1本分)
＊〈　〉内は、長さ約25cm〈25〜28cm四方の天板使用〉・1本分

卵…4個〈3個〉
グラニュー糖…80g〈60g〉
薄力粉…60g〈45g〉
A バター…30g〈20g〉
　牛乳、米油…各小さじ2〈各小さじ1と1/2〉
B インスタントコーヒー(顆粒)
　…大さじ1〈小さじ2〉
　湯…小さじ2〈小さじ1と1/2〉
［モカバタークリーム］
　ホワイトチョコレート…80g〈60g〉
　バター(食塩不使用)…100g〈75g〉
　塩…ひとつまみ〈ひとつまみ〉
　C インスタントコーヒー(顆粒)
　　…小さじ1〈小さじ2/3〉
　　ラム酒(あれば)…小さじ1〈小さじ2/3〉

下準備

- モカバタークリームのバターは室温にもどす。
- 卵は卵黄、卵白に分け、それぞれボウルに入れる。
- 薄力粉はふるう。
- 天板にオーブン用シートを敷く。
- 鍋に湯せん用の湯を準備する(約50℃。鍋底に気泡が見えはじめ、湯気が出る程度)。
- 小鍋にA、混ぜたBを入れて湯せんにかけ、バターを溶かす。

- Cは混ぜる。
- オーブンを200℃に予熱する。

保存　冷蔵3〜4日。

200℃　10〜12分

❶ モカ生地を作る

フルーツロールケーキの作り方①〜④(P118〜119)を参照して、生地を作る。AとBの鍋にひとすくい加えてゴムべらでよく混ぜる。ボウルにすべて入れ、底から返すように均一に混ぜる。

さらに40〜50回、生地につやが出るまで底から大きく返すように混ぜる。

❷ 焼く

天板に流し入れてカードで表面を平らに整え、10cmほどの高さから落として大きな気泡を除く。200℃のオーブンで10〜12分焼く。オーブン用シートごとケーキクーラーに取り出して冷ます。

❻ クリームを塗る

生地のシートをはがし、オーブン用シートに焼き色のついた面を上にしてのせる。2cm間隔の浅い切り込みを入れ(P120作り方⑫参照)、短辺の端を斜めに切る。⑤のクリームを塗る。

＊手前を厚め、奥をごく薄くするとよい。

❼ 巻く

シートを持ち上げて手前の生地を起こして巻き込み、グッと押さえる。そこを芯にして、奥に向かって一気に巻く。

＊クリームがずれてはみ出さないように、一気に巻き上げる。

❽ 形を整える

上側のオーブン用シートの上から定規や菜箸をおいて押さえ、下側のシートを手前に引くようにして、生地を軽く締める。

＊締めることで形が整い、生地とクリームのすき間も埋まる。

❾ 休ませる

オーブン用シートごとラップで包み、巻き終わりを下にして、冷蔵庫で2～3時間休ませる。

❸ チョコレートを溶かす

ボウルにホワイトチョコレートを入れ、湯せんにかけて溶かし、湯せんをはずして粗熱を取る。

❹ バター、塩を混ぜ、③を加える

別のボウルにバター、塩を入れて、泡立て器でなめらかに混ぜる。③のホワイトチョコレートを少しずつ加えてよく混ぜる。

❺ コーヒー液を加える

続いてCを加え、泡立て器でよく混ぜる。

タルトタタン

りんごをいかにおいしくするかが一番のポイント。

フランスの素朴な伝統菓子のひとつですが、ぼくなりのアレンジを加えたレシピにしています。キャラメリゼしたりんごがぎゅっと詰まった、型のフォルムのままのキリッとした姿に仕立てました。

　日本のりんごはみずみずしく、水分がたっぷりなので、素焼きすることで水分を飛ばし、味を凝縮させています。こうすることで、濃厚なキャラメルに合わせても、りんごの酸味と香りが負けません。タルトタタンは材料が少ないので、味のごまかしが効きません。りんごにいかに手間をかけ、味を逃さずに作るかが大切なお菓子だと思っています。

タルトタタン

材料（直径 15cm の共底の丸型・1 台分）

冷凍パイシート … 18cm 四方 1 枚*
りんご（紅玉）… 5 ～ 6 個（正味 1200 ～ 1400g）
A グラニュー糖 … 50g
　水 … 大さじ 1
ブランデー（または水）… 大さじ 2
バター（食塩不使用）… 20g+10g
グラニュー糖 … 大さじ 1
バター（型用）… 5g
＊ 18cm 四方に満たない場合は、重ねてつなぎ合わせてもよい。

下準備

- 型用のバターは室温にもどす。
- オーブンを 160℃に予熱する。

保存　冷蔵 2 ～ 3 日。

160℃ 20分 ＋ 180℃ 30～40分
＋ 180℃ 30～40分

❶ パイシートを切る

冷凍パイシートは、冷凍庫から出して室温に 1 ～ 2 分おき、型の底を当て、大きさに合わせて切る。

めん棒で軽くのばしてひとまわり大きくし、表面全体にフォークを刺して、空気穴をあける。冷蔵庫に入れる。

＊ パイシートは焼くと上に大きくふくらむので、フォークで穴をあけておくとよい。

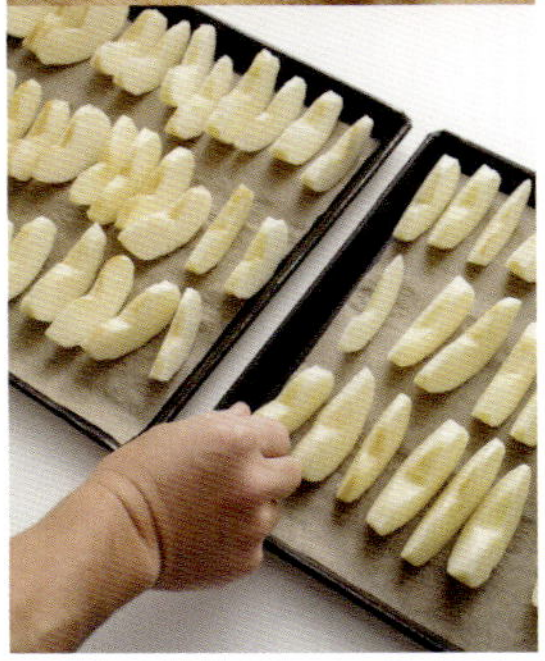

❷ りんごを切る

りんごは皮をむき、4 つ割りにして芯を除く。1 切れをさらに 3 等分のくし形切りにし、オーブン用シートを敷いた天板に立てるように並べる。

＊ 立てるようにして焼くことで均等に水分が飛び、型に敷き詰めやすくなる。

❸ りんごを素焼きする

160℃のオーブンで 20 分ほど焼いて取り出し、粗熱を取る。

＊ しんなりして曲がるくらいに焼けていれば OK。

❹ 砂糖液を煮詰める

鍋にAを入れて中火にかけ、褐色になるまで煮詰める。

＊沸騰しはじめたら混ぜないのが、なめらかなカラメルにするコツ。りんごの水分で薄まるので、少し濃いめに色づくまで煮詰めるのがおすすめ。

❺ ブランデーとバターを加える

火を止めてざるをのせ、ブランデーを加える。

＊ざるをのせてからブランデーを加え、はねて飛び散るのを防ぐ。一気に蒸気が上がるのでやけどに注意する。

ざるをはずしてバター20gを加え、ゴムべらで混ぜる。

❻ 型に入れる

⑤を型に注ぐ。熱いうちに型をかたむけて底面全体に広げ、ケーキクーラーにのせて粗熱を取る。

＊カラメルを全体に広げるとき、型の底は熱いのでやけどに注意。

❼ 型にバターを塗る

オーブンを180℃に予熱する。⑥の型の側面に、手で型用のバターを塗る。

❽ りんごを並べる

③のりんごを縦にしてまず側面に並べてから、中に詰める。

＊中心は少しあいているくらいがベスト。きっちり詰めてしまうと、焼いている間にりんごが膨張してあふれ出てしまうことがある。

❾ 焼く

バター10gをのせてグラニュー糖をふる。型ごとバットにのせ、180℃のオーブンで先端にこげ色がつくくらいまで30〜40分焼く。

＊焼いている間にカラメルが吹きこぼれやすいので、バットにのせて焼くとよい。

❿ りんごを押し込む

オーブンから取り出し、マッシャーか大きなスプーンの背で、飛び出してきたりんごを型の中にぐいぐいと押し込む。

＊りんごが変形してもOK。下からキャラメルソースがにじみ出てくるくらいまで強く押し込む。

⓫ パイシートをかぶせて焼く

①のパイシートをかぶせ、180℃のオーブンで30〜40分焼く。

⓬ 冷やす

再びパイ生地の上から押し込み平らにする。型ごとケーキクーラーにのせて粗熱を取り、冷蔵庫で3〜4時間冷やす。

＊ここでしっかり押し込んでおくことで、角がピシッときれいなケーキに。

⓭ 型からはずす

ぬるま湯（約50℃）を準備する。型の底を10秒ほどつけてから、側面にナイフを入れる。

皿をかぶせ、ひっくり返して型ごと揺らしてはずす。

MURAYOSHI's MEMO

■このお菓子は、りんごの種類によってでき上がりの味にかなり違いが出ます。りんごは加熱しても煮くずれない、かたくて酸味のある「紅玉」が一番うまく作れます。紅玉が手に入らない時期は、ニュージーランド産の「ジャズりんご」という商品名のりんごがおすすめです。「ふじ」でも「王林」でも作れますが、甘く、少しやわらかく仕上がり、ピシッとエッジを作るのが難しくなります。

■素焼きの工程では、りんごを焼きすぎないように気をつけてください。あくまでもしなるくらいが目安。焼きすぎると、水あめのような食感になってしまいます。

■素焼きしたりんごを型にびっしりと詰めたくなるのですが、少し余裕を持って詰めてください。底にあるキャラメルが吹き上がってきたり、りんごが膨張して型から飛び出したりしてしまうのです。ぎゅうぎゅう詰めはNGですよ。

フラン

食べ飽きないあっさりめのカスタード。

カスタードクリームとパイ生地の組み合わせは世界中にあります。フランスのフランは、ぼくの知っているカスタードパイの中でも1番大きなお菓子でした。最初は「カスタードをたっぷり味わえて最高!」と思いましたが、ここが大きな落とし穴。ひと口ならおいしいけれど、食べ続けるには味が濃い……。そこで本来は卵黄だけで作るクリームに卵白も加え、あっさりめに。砂糖も減らし、塩を少し加えています。舌では甘く感じられても、実際の糖度が低めなので、後味すっきり。生地の組み立てなど手間がかかりますが、ぜひ挑戦して欲しい1品です。

180℃　38～40分　+　170℃　25～28分

フラン

材料（直径 15cm の底が抜ける丸型・1 台分）

［練りパイ生地］

バター（食塩不使用）… 110g
薄力粉 … 180g
A 溶き卵 … 40g
　グラニュー糖 … 大さじ 1
　塩 … 小さじ 1/3

［フラン液］

牛乳 … 450mℓ
グラニュー糖 … 100g
きび砂糖 … 30g
バニラビーンズ … 1/2 本
卵 … 2 個
卵黄 … 1 個分
薄力粉 … 40g
コーンスターチ（または薄力粉）… 大さじ 1
バター（食塩不使用）… 10g
塩 … ひとつまみ

溶き卵 … 1 個分

下準備

- 生地のバターは室温にもどす。
- A は混ぜておく。
- フラン液のグラニュー糖ときび砂糖は混ぜておく。

保存　冷蔵 2 ～ 3 日。

❶ バター、粉を混ぜる

ボウルにバターを入れてゴムべらで練り混ぜ、薄力粉を加えて切るように混ぜる。

＊粉を加えたらさっくりと切るように混ぜる。練り混ぜてしまうとかたい生地に。

❷ 卵、砂糖、塩を加える

全体がぼそぼそしてきたらAを加え、ゴムべらでボウルにすりつけるようにしながら均一に混ぜる。

＊ボウルにすりつけるようにすることで、さくさくと食感よく仕上がる。

❸ 休ませる

ひとまとめにしてオーブン用シートに取り出し、ラップをかぶせてつぶす。ラップで包み、冷蔵庫で2時間以上冷やして休ませる。

❹ 成形する

オーブン用シートを敷いた台に取り出して3等分に分け、1/3量はラップをかぶせて5mm厚さの円形にのばす。型の底板をのせ、大きさを合わせて丸く切り取る。

残りはラップをかぶせてそれぞれ6cm幅×20cm長さの帯状にのばす。すべて冷蔵庫で1時間ほど休ませる。

オーブンを180℃に予熱する。すべての生地の片面にフォークで穴をあける。

❺ 型に敷く

丸い生地を、穴を開けた面を上にして敷く。次に帯状の生地を、穴を開けた面を外側にして、側面に沿わせる。

側面の生地の接着面、底と側面の生地の接着面を、指で押してしっかりくっつける。

＊フラン液が漏れ出さないよう、しっかり押しつけてすき間がないようにする。

❻ 下焼きする

オーブン用シートを敷いてタルトストーンを入れ、180℃のオーブンで38〜40分焼く。

＊使ったタルトストーンは約1kg。古くなったあずきや大豆でも代用可能。

❼ 溶き卵を塗る

取り出してシートごとタルトストーンをはずし、内側に溶き卵を刷毛で薄く塗る（溶き卵の残りは仕上げ用にとっておく）。再び180℃のオーブンに5分ほど入れて溶き卵を乾かす。ケーキクーラーにのせて粗熱を取る。

＊溶き卵を塗って乾かしておくと、パイのさくさく感が長持ちする。

❽ 砂糖とバニラビーンズを混ぜる

ボウルにグラニュー糖ときび砂糖を入れる。バニラビーンズのさやにナイフで縦に切り込みを入れ、指の先でしごいて種を取り出して加え、指ですり混ぜる。さやもとっておく。

＊バニラビーンズは砂糖とすり混ぜて散らしておくとより香りが立つ。

❾ 牛乳に砂糖を加える

鍋に牛乳を入れ、⑧の砂糖大さじ1とさやを加える。

＊少量の砂糖を加えておくと、温めても牛乳に膜が張りにくくなる。

❿ 卵と砂糖をすり混ぜる

ボウルに卵、卵黄、残りの砂糖を入れて、泡立て器で白っぽくなるまですり混ぜる。

⓫ 粉類を加える

薄力粉、コーンスターチを加え、泡立て器で粉けがなくなるまで混ぜる。

⓬ 温めた牛乳を加える

⑨の牛乳を中火にかけて沸騰直前まで温め、⑪のボウルに一度に加えて混ぜる。

⓭ こす

ざるなどでこしながら、鍋に戻し入れる。オーブンを170℃に予熱する。

⓮ 混ぜながら煮る

再び中火にかけて泡立て器で混ぜ、煮立ったら火を弱める。そのまま2分ほど、こげないように絶えず混ぜながら煮る。

＊煮立ってかたまってから、さらにとろりとするまで2分ほど加熱して、薄力粉にしっかり火を通す。

⓯ バター、塩を加える

バター、塩を加えて混ぜる。

⑯ パイ生地に入れて焼く

温かいうちに⑦に流し入れて表面を整え、上面に溶き卵を薄く塗る。

170℃のオーブンで25〜28分焼く。表面がふくらんで焼き色がついたら焼き上がり。型ごとケーキクーラーにのせて粗熱を取り、型をはずして冷ます。

MURAYOSHI's MEMO

■フランはカスタードの味が決め手になります。カスタードの煮はじめ、沸騰直前くらいになると、卵液がかたくなり、一見でき上がったように見えるのですが、材料に薄力粉とコーンスターチが入っているので、沸騰してから1分以上煮ないと、完全に火が通らないので注意してください。沸騰直前にグッと重くなってかたまり、沸騰しはじめ、さらに煮ていくと、つやが出てとろっとやわらかくなってきます。2分ほど煮ることにしているのは、卵の味を濃くするため。ただ、このカスタードは全卵で作っていますので、くどくなるほどの濃さにはなりません。

■もうひとつのポイントとしては、カスタードは温かい状態で型に流し入れ、温かいうちに焼くことです。冷めてから詰めて焼くと、パイ生地の底の角の部分や、クリームの中に空気が入ってしまい、切ったときに残念な見た目になります。生地もクリームもこの時点で火が通っているので、表面だけを焼くイメージでOKです。オーブンの中でぷっくりとふくらんできますが、取り出して冷ますと、平らに凹んでくるのでご安心を。

シュトーレン

クリスマスの季節に欠かせない伝統的な発酵菓子。

お菓子は材料同士の化学反応といわれます。故にお菓子作りにおいて発酵という言葉はあまり出てきません。発酵は混ぜて、焼いてと管理できる化学反応というより、時間をおいて見守る、自分の力ではどうにもならない「育てる」工程。ヨーロッパの伝統菓子、シュトーレンは、そんな発酵とお菓子作りの工程がミックスされたお菓子です。お菓子作りに慣れている方ほど、とっつきにくいメニューかもしれません。

通常は2～3回発酵させて作るのが伝統ですが、今回は1回の発酵で作れるレシピにしました。簡易版ですが、なかなかおいしくできました。

シュトーレン

150℃ 10分 + 180℃ 40〜43分

材料（長さ約20cm・1個分）

［マジパン］
- アーモンドパウダー … 30g
- きび砂糖 … 25g
- ラム酒 … 小さじ2

［生地］
- バター（食塩不使用）… 50g
- きび砂糖 … 大さじ2
- 塩 … 小さじ1/2
- 卵黄 … 1個分
- 強力粉 … 200g
- シナモンパウダー … 小さじ1
- インスタントドライイースト … 小さじ1/2
- 牛乳 … 80mℓ
- 洋酒漬けドライフルーツ … 100g
- 打ち粉（強力粉）… 適量

［仕上げ］
- バター（食塩不使用）… 30g
- グラニュー糖、粉砂糖 … 各適量

下準備

- バターはすべて室温にもどす。
- 牛乳（冷蔵庫から出したての冷たいもの）は耐熱ボウルに入れ、電子レンジで20秒加熱して室温にもどす。
- オーブンを150℃に予熱する。

保存　冷蔵2〜3か月。

❶ マジパンの材料を混ぜる

アーモンドパウダーはオーブン用シートに広げ、150℃のオーブンで10分下焼きをして冷ます。ボウルに入れ、きび砂糖、ラム酒を加えてゴムべらで練り混ぜる。ひとまとめにして約8cm長さの棒状にし、ラップで包んで冷蔵庫に入れる。

❷ バター、砂糖、塩、卵黄を混ぜる

ボウルにバター、きび砂糖、塩を入れて泡立て器で白っぽくなるまですり混ぜる。

＊白っぽく、ふんわりするまでしっかりすり合わせておくことで、口溶けのよい生地になる。

卵黄を加えてさらに混ぜ合わせる。

❸ 粉類、牛乳を加える

強力粉、シナモンパウダー、イースト、牛乳を加え、ゴムべらで混ぜる。粉けがなくなったら、カードで切るように混ぜる。

❹ ドライフルーツを加える

洋酒漬けドライフルーツを汁けをきって加え、手でにぎるようにしながらやさしく混ぜ、ひとまとめにする。

❺ のばす

打ち粉をふった台に取り出し、生地にも打ち粉をふる。めん棒で約15×20cmの長方形にのばす。

＊のばしたときに生地が割れても、つまんだり寄せたりして整えればOK。
＊打ち粉の量が多いと生地に残ってしまい、かたい焼き上がりになるので気をつけて。

❻ マジパンをのせて巻く

①をのせ、ひと巻きして左右をとじる。向こう側から3～4cmほど手前に折る。

❼ 成形する

手前を持ち上げ、上下を変えずに奥の折り込んだ部分にのせる。

側面から見たときに、山の字になるように手で形を整える。

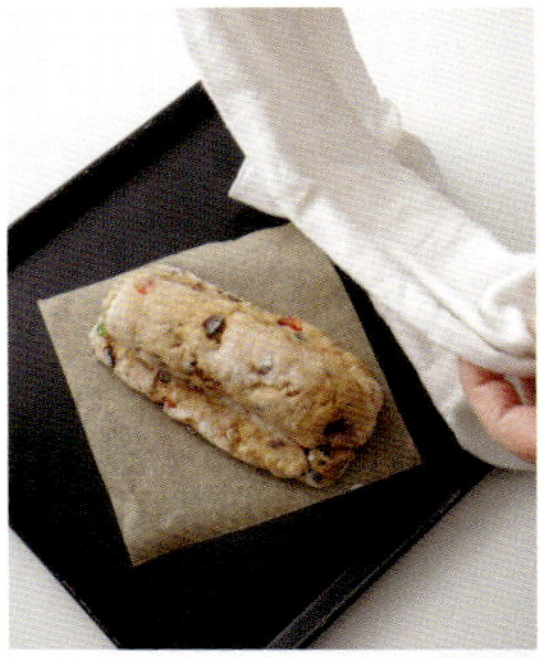

❽ 発酵させる

オーブン用シートを敷いた天板にのせ、ぬれぶきんをかぶせて、室温に90分ほどおいて発酵させる。

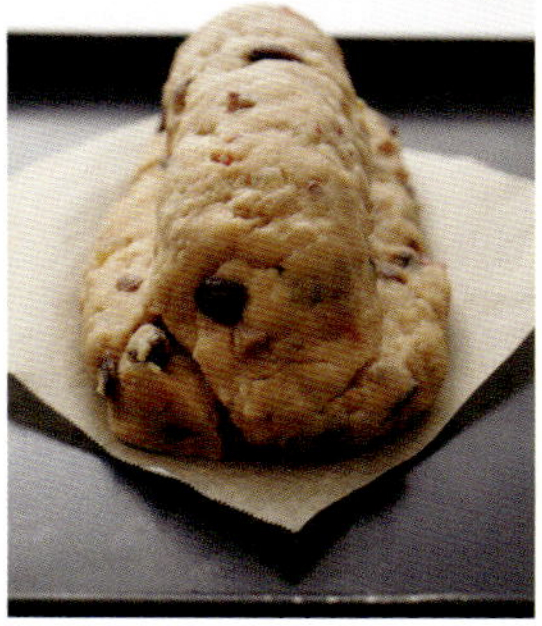

ひとまわり大きくなればOK。

❾ 焼いてバターを塗る

オーブンを180℃に予熱する。⑧を入れて40〜43分、表面にしっかりめの焼き色がつくくらいまで焼く。ざるをのせたバットに取り出し、生地が熱いうちに全体に刷毛でバターを塗る。

❿ 砂糖をまぶす

粗熱が取れたら、全面にグラニュー糖をまぶす。

完全に冷めたら、茶こしで全面に粉砂糖をたっぷりとふって押さえる。

ムラヨシマサユキ

料理研究家。雑誌、書籍、テレビや、お菓子・パン教室の講師など、多方面で活躍中。レストラン、パティスリー勤務で培ったていねいな仕事ぶりと、確実においしく、作りやすいレシピには定評がある。伝統的な海外の味、人気のレシピからコンビニスイーツまで徹底的にリサーチを続ける日々。著書に『ムラヨシマサユキのお菓子　くりかえし作りたい定番レシピ』『ムラヨシマサユキのクッキー　作りたい、贈りたい71レシピ』『ムラヨシマサユキのパン教室　はじめてでも最高においしい！』（いずれも小社）など。

撮影
南雲保夫

スタイリング
駒井京子

デザイン
高橋朱里（マルサンカク）

料理アシスタント
福田みなみ

DTP
株式会社センターメディア

校正
園田聖絵

構成・編集
久保木薫

【撮影協力】
UTUWA

ムラヨシマサユキのお菓子《かし》
なんどでも食《た》べたい絶品《ぜっぴん》レシピ

2024年10月15日発行　第1版
2025年 2月25日発行　第1版　第3刷

著　者　ムラヨシマサユキ
発行者　若松和紀
発行所　株式会社 西東社
〒113-0034　東京都文京区湯島2-3-13
https://www.seitosha.co.jp/
電話　03-5800-3120（代）
※本書に記載のない内容のご質問や著者等の連絡先につきましては、お答えできかねます。

ISBN 978-4-7916-3314-2